U0513588

复旦文史 丛刊

日本仏教史
思想史としてのアプローチ

思想史的探索

日本佛教史

【日】末木文美士 著

涂玉盏 译

上海古籍出版社

"复旦文史丛刊"编纂说明

复旦大学文史研究院成立后,致力于推动有关中国文化与历史的研究,近期重心是围绕着"从周边看中国"、"批评的中国学研究"、"交错的文化史"和"域外有关中国的文字资料与图像资料"、"宗教史、思想史与艺术史的综合研究"等课题进行探讨,同时,也鼓励其他相关文史领域的各类研究。为此,复旦大学文史研究院与上海古籍出版社合作,出版这套"复旦文史丛刊",丛刊不求系统与数量,唯希望能够呈现当前文史研究领域中的新材料、新取向、新视野和新思路,并特别愿意收录年轻学人的著作。

本丛书基本体例如下:

(一)本丛刊收录有整体结构和完整内容的有关中国文史的研究专著,不收论文集。

(二)本丛刊内所收专著,一般字数在25—40万字,个别情况可以超过此限。

(三)接受国外以其他语言写成的专著的中文译本。

(四)注释一律采用页下注,书后要有《引用文献目录》,如有《人名索引》和《书名索引》,则更为欢迎。

（五）本丛刊设立匿名审稿制度,由复旦大学文史研究院聘请两位国内外学者担任匿名审稿者,如两位审稿者意见和结论彼此相左,则另请第三位审稿者审查。

（六）本丛刊由上海古籍出版社负责编辑出版。

2008 年 5 月

目　录

不一样的日本佛教史

稍稍涉猎佛教史的人大多会知道,现存佛教有汉传佛教、南传佛教与藏传佛教三大类型。我个人以为,日本佛教也有资格与上述三种类型并称。理由有下列几点:

其一,佛教自6世纪中叶传入日本以来,迄今已有一千四百多年的历史。在这一千多年的历史中,佛教不只未在日本消失过,而且繁荣滋长,与日本文化水乳交融,迄今仍盛。

其二,发展到21世纪初的日本佛教,有几个大系(净土、禅、真言、日莲、天台及其他),内含214个宗派,寺院总数共有七万八千余座。这样的宗派与寺院数量,恐怕不是任何其他国家的佛教所能比拟的。

其三,在独创性方面,净土真宗与日莲宗的教义与实践方法都源自日本,为他国所无。曹洞宗开祖道元的思想也有相当程度的创发性;至于真言宗与天台密教对密宗教法的缜密整理与传承,也有超越汉传佛教之处。

其四,就弘传的规模来看,日本佛教承袭自汉传佛教的多样性内容而诸宗并弘,比起藏传佛教之以密教为主、南传佛教之仅弘上座部佛教,规模要大得多。此外,在维护汉传佛教传统方面,也颇值得称述。密宗在中国几告失传,而日本则教势一直未衰。在汉传佛教文献的保存上,早已在中国失传的甚多佛教文献,都因为日本《大正藏》与《卍续藏》的出版而重新为吾人所知。在这两部大藏经中所出现而为中国历代《大藏经》所未收的汉文佛典,共有一千余部之多。

其五,20世纪以来的日本佛教界与佛学界,都展现出令人瞩目的活力。日本佛教界在日本所设的大学有三十余所,各宗派(尤其是日莲系)对海外的传教活动也甚为积极。日莲系创价学会在世界各国的弘传、铃木大拙与久松真一对西洋知识阶层的影响力,以及日本已成为当代世界佛学研究重镇等等现象,都让人对日本佛教无法等闲视之。

如果上列诸项可以使我们承认日本佛教有其客观的重要性,那么,我们必须承认,长久以来海峡两岸的华人学术界对日本佛教的研究,确实是太冷漠了。

近十年来,大陆与台湾的佛学界都已逐渐有人意识到上述这一缺陷,因此,相关译著也逐渐出版;虽然数量不多,但总是好现象。对末木文美士教授这部《日本佛教史》的汉译,我的看法也是如此。

末木(1949—)教授,是出身于东京大学且执教于东京大学的著名学者。治学领域以日本佛教史为主,并稍涉及中国佛教。主要著作有《镰仓佛教形成论》、《日本佛教思想史论考》、《平安初期佛教思想的研究》、《安然、源信》及本书。他的治学风格是思想史方法与考据方法兼容并蓄,对日本佛教史也甚为专精。其所持论常有鲜明的独特看法。本书内容也明白地显现出其一贯的风格。

关于本书的特质,我提出下列几点供读者参考。

一、本书是同类著作在日本出现百年之后的金字塔尖端作品,不是启蒙式的基础著述。

日本最早的同类名著,当是1899年村上专精所著的《日本佛教史纲》。之后名著迭出,几乎汗牛充栋。如圭室谛成的《日本佛教史概说》、善之助的《日本佛教史》、渡边照宏的《日本之佛教》、大野达之助的《新稿日本佛教思想史》,以及家永三郎、赤松俊秀与圭室谛成三人合编的《日本佛教史》等，都颇为学术界所称道。

末木氏这本书，距离村上专精所著书将近一百年，因此，他必须消化、处理学术界的众多前人意见，否则便不是合格的学术作品。譬如传统佛教界都知道，圣德太子撰有《法华》、《胜鬘》、《维摩》三经之义疏（注释书），但是近代学术界有人怀疑这三本义疏并非圣德太子所撰。末木氏在本书中即有相当多篇幅对此研究过程作扼要的陈述，而不是仅仅依循传统，单纯地用三疏代表圣德太子的思想。

二、本书是用批判方式谈论日本佛教史的著作，不是平铺直叙的描述性通史作品。

一般日本佛教史作品，大抵都依时代分期论述。自圣德太子弘扬佛法开始，依次论述奈良时代、平安时代、镰仓时代、战国时代，以迄近世与现代的佛教。本书固然也依循时代先后为序，但是并未采取平铺直叙的描写方法，而是依作者所注重的视角，采取类似专题式的重点论述；而论述的态度则大多是分析与批判的。

就如原书副标题所示，所采的是"思想史的探索"方式，切入点是思想史的，是富有丰富辨析内涵的。这种方式，与一般注重在史实之平面描述的著作显然不同。

三、在重点的取舍上，本书有独特的安排。

虽然本书所采的是"思想史的探索"，但是全书并未依宗派的演进史论述各宗思想。在论述重点上，本书与一般著作不甚一致。书中用相当多篇幅论述的"大乘佛典及其接纳"、"末法与净土"、"本觉思想"、"佛教的本土化"、"神与佛"等专章，都可以看出作者的独特观点及不同于一般思想史著作的安排。

关于这一点，我们不妨看看大野达之助的《日本佛教思想史》；该书自"佛教初入日本"谈起，之后即分别论述南都六宗、天台宗、真言宗、净土宗、真宗……以迄日莲宗。两部书章节的比较可以显见末木氏这本书在论述重点上的新意。

此外，作者运用甚多篇幅讨论"本觉思想"与"佛教的本土化"（死者供养、葬式佛教、佛教民俗等），但对影响近世佛教甚巨的檀家制度与本末制度则谈论甚少。还有，一般同类著作大多不谈役小角的修验道，《大正藏》也不收修验道典籍，但是本书则有专章论述"山的宗教、修验道"。

这些不同于前人的安排，多少可以让人窥见作者之别具只眼。

从上面所列的这些特点来看，本书应该比较适合给那些对日本佛教已具基本常识的人阅读。因为末木教授在本书中所主张的看法，是日本学界讨论过近百年之后所逐渐酝酿形成的新见解，他所持的态度与撰述方式，也是他在浸淫过近百年间之同类学术名著之后所形成的。因此，对于一个完全未具日本佛教常识的台湾读者而言，如果第一部就阅读这本书，最好能稍知由上述因缘所形成的本书特质，才不至于对本书作者之"详人所略，或略人所详"的安排有所误解。才不会误会本书谈论甚少的檀家与本末制度并不重要，也不会以为修验道是日本佛教界众所公认的重要宗派。

如果初学的读者在阅读本书之后，想对日本佛教史能有较充分而平衡的理解，我会劝他们再多读一些同类著作。可惜的是这类作品的汉译本为数甚少，目前所能觅得的只有杨曾文教授所译的《日本佛教史纲》。这部书是村上专精的作品，虽然古老，但仍有展读的价值。此外，杨曾文教授所撰的《日本佛教史》也值得深入研读。

至于能够阅读日文原典的读者，不妨参阅末木教授这部书所附的"参考文献"，其中所举的甚多日文名著当然值得参考。

在台湾，日本佛教的研究还在拓荒阶段，希望这本书的出版，可以引出更多的学界园丁来共同开垦。

（佛光大学宗教学研究所副教授　蓝吉富）

一本"大家一起来思考需要佛教的日本人的思想史"的入门书

　　本书开头"代序"中,作者末木先生写着:"现在我在准备写《日本佛教史》,是一种入门书。当然我很清楚知道入门书、概说书等应该是权威学者所写的,不应该是像我这样假装了不起就能写的。何况,目前以'日本佛教史'为名的出版品非常多,其中也不乏备受好评的经典名著。或许你会说,既然如此何须多此一举? 我之所以要写这本书,有我的理由,我也将尽我一己之薄力来撰写。"

　　虽然作者认为不是什么了不起的文章,但事实上这正是本书呈现其态度的地方。再翻到后面,末木先生在"后记"中写着与"代序"中完全相反的看法,即"由于我个人能力的不足及性格的关系,致使本书在叙述上或有不严谨的地方,或有些部分未能充分参照最新的研究成果,虽然很难说是令人满意的成绩,但由于与此一领域相关的书非常少的缘故,本书也暂时有些许助益吧!"

　　开始时叙述着截至目前为止,以"日本佛教史"为名的书实在很多,到了"后记"却说"相关书十分缺乏",如此前后矛盾的陈述,又是怎么一回事?"日本佛教史"的书虽然有很多,像本书以"需要佛教的日本人的思想历史"为态度的书几乎没有吧？

以"思想史的探索"为副题的末木先生的此一大作——《日本佛教史》，如果允许我私自将其重新命名的话，或许会改写成"有佛教思想的日本历史"。

此《日本佛教史》，是为了深思到底什么是日本佛教的概说、入门书。但是，我想并不是"读了此书，就能简单地理解日本佛教的历史"之类的"概说"、"入门书"。如果以那样的目的来阅读此书，或许这会是一本"搞不懂……"的书也说不定。

通常，历史的概说书或入门书，似乎是将大略的要事依年代顺序排列，"只要默记这些大事即可"的感觉。入门书或概说书似乎不是为了"读了之后，能理解"的书，而是"为了要默记所写的事项"。历史这个东西是用来背的，正因为如此，所以易懂易记就是好的入门书、概说书。

但是，此书不一样。加上副标"思想史的探索"的末木文美士先生的《日本佛教史》，是一本"为了思考日本佛教的入门书"、"为了思考对佛教特有看法的日本人的思想成立的概说书"。本书不是写"日本佛教的历史书"，而是写为什么"传到日本的佛教，变成独特的日本佛教"，这是一本探讨此一理由的书。为了好好地厘清这些事由，或许阅读此书时，应该从"终章　日本佛教一瞥"开始读较适当吧！

本书之所以用"日本佛教史"这样的历史书体裁，或许是因为"为了要思考为什么演变成这样时，首先有必要按事情发生的先后次序来考量"。按照本书所介绍的江户时代商人富永仲基的主张，即"后代的思想，是在前代思想上加上新要素而开展起来"，如果是这样的话，"后来的时代因为加了太多多余的东西，致使前面的时代变得难以理解"。或许正因为如此，本书依年代顺序的"佛教史"体例的方法撰写，而不是以"这个时代的佛教是这样的"，以容易记住一个时代的方式来撰述。本书所采用的陈述方式是，"这个时代里，应该隐藏着这类的问题吧"，是一本以提起问题议事作为时代顺序的佛教史。

我有时候会想，"所谓的日本佛教，是非常难以理解的"。当然，要到下这样的结论，是要费很长的时间的。为什么这样说？因为为了达到这样的结论，必须超越"我之所以无法理解日本佛教，是因为我的头脑太笨了"的前提。

佛教是高级且难解的思想。如果不能理解，那是说"不懂"的人头脑不好。那么，"为了能理解，请修行吧"。总之，佛教世界是由理解佛陀所教之事而开悟的宗教。但是，当我说"日本佛教实在令人费解"时，我并不是为了要开悟，只是疑惑地想着："佛教是借由理解佛陀的教说而开悟。这样的说法虽然能令人理解，可是为什么能那么自然地变成日本佛教的样子？"

佛陀的教说，其实是非常朴实的，目的是为了开悟。因此，应该"舍弃钻牛角尖，而冷静地用脑思考事情"。如果是这样的话，能随时保持冷静就是一种修行吧？我做如是思惟。公元前4至5世纪，或公元前5至6世纪时佛陀的思想，是"为了成为一个真正的大人，训练用自己的头脑来思考事情，因此吸收各种知识"。这和近代的学校教育有异曲同工之妙。并不是说"开悟了就可以遨翔于天空"，也不是说如此就能"具备超能力"。若能舍弃这类无聊的愿望而平心静气才是开悟，就越能理解，越合理。我甚至认为，在公元前4至5世纪，或公元前5至6世纪时佛陀的思想，甚至没有任何东西可被呼之为"宗教"。

我对极乐净土、观音菩萨之类的想法是无法理解的。若是神话故事，那也就算了，但若再以彼等为实在的前提之下，思考所谓"祈请"是怎么一回事，我实在搞不清楚。这已经不是"用脑思考"的问题了。"放弃用'以自己的头脑思考'等潜心思惟，而只是祈请能进入'伟大的真理'"中，与古时候的佛陀思想完全不一样。是从什么时候开始佛教变成这样子的？

曾经有过"贫而受虐的民众寻求救助，加深了对阿弥陀如来的信仰"的时代。有那样的"历史事实"的时代，是可以理解的，但是"这样的信仰为什么会在佛教中产生？为什么只是这样，可以说是佛教？"这些实在是令人费解，而这个"令人费解"绝非因为"你的头脑不好，而无法理解佛教这个高度难理解的思想"。

佛教是什么？佛陀的教说是什么？"日本佛教"到底是哪些东西的集合体？读了此书大概就能理解这种话，毕竟不是我应该说的。只是，我在遇到此书之前，不知道有这样一本以"日本佛教是令人费解的"为前提的书。"日本佛教是令人费解的"，这样的想法和我个人的见解应该没有太大的差别，但我将它诉诸于言语时，得到的回答是，"那是你自己头脑不好的关系"。为什么有这样的差异？

即使截至今日为止，以"日本佛教史"之名出版的书虽然很多，但作者却说"类似的书十分贫乏"，其原因就是这样。末木文美士先生的《日本佛教史》是以"仔细想一想'日本佛教'远远偏离了佛陀的教义，而成为独特的东西"为前提。而"'日本佛教'之所以变成那样，是因为日本人的关系。因此，必须重新思考日本人的思惟方式（等于思想史），有必要从'日本佛教'中重新找出日本人的想法"。当我阅读这本书时，所体会到的是，当作者下决心，"首先，开始吧"时，正是此"入门书"的成立，"虽不明白其全貌，但应了解其方向在此。因此，先为其划下底线"，这正是末木先生所想的"概说书"。作者在书中写道："您也是那样认为的吧？因此也请您一起来想一想。为此，本书仅在此提供些资料。"正因为如此，而说本书是"一种入门书"。我想这是一本如果您不抱持"我也来想想看"的心，也就没有太大助益的"入门书"。

而这类"说明日本佛教的书"，可以说是至目前为止不常见的一本书，是"有其原因的"。

日本佛教仍然现存，因此，如果说"日本佛教是远离了本来的佛教而有其独特的东西"的话，肯定抗议"你否定（我们的）佛教"的声音会高扬。不过，在日本佛教变化为独特的"日本佛教"，当在说其为"独特的"时，应该不是否定"日本佛教"，而是因为"那个时代的人需要那样的事；正因为是那个时代，使日本的佛教变成那样"。这样的看法，在理解日本人的思惟方式时是非常重要的，正因为累聚这类诸多想法，而有现在的我等的想法（或者该说是"浑沌"）。

这本《日本佛教史》没有"明治以后的佛教",而我最想读的是他尚未撰写的部分。我想那也是还无法写的部分,为了准备写这部分,作者才会添加了"思想史的探索"这样一个副标题。如果不能理解"我们是这样的",则无法有"我们可以这样做"的方向性的展开。然而,到底我们是怎么了?

"有原因才有结果"——这样的思惟方式正是佛教的根本。我们因为仍然无法充分地掌握在近代以前所谓"因"的部分,所以对近代以后所谓"果"的部分仍旧不清楚。到底,我们该如何做?其"探索"终于开始。

（日本知名作家　桥本　治）

中 文 版 序

　　日语版《日本佛教史》在1992年由新潮社出版。第一版只发行了3 000本,当时并不被认为会是一本畅销书。但自1996年收入"新潮文库"再版至今已经发行了23版,广受读者的喜爱。

　　虽然市面上名为《日本佛教史》的书相当的多,但大部分只以叙述历史事实为主,不涉思想的讨论。针对这一点,本书的特征,如同副题"思想史的探索"所呈显的,以思想为中心,探讨日本佛教的开展。只知道历史上发生的事实,是不足以理解日本佛教的,去理解人们思维上的根本是不可或缺的。

　　日本佛教的源流,或经由朝鲜半岛,或直接传自中国,其基本概念因为来自中国,所以常常被认为它只不过是中国佛教的一个支流而已。另一方面,亲鸾、日莲等知名的佛教人物,虽然说他们开展出了日本独自的思想,但是由于他们的想法太过偏激,从中国佛教的常识来看,要把他们纳入佛教的范畴内,看来似乎有些困难。因此,对中国的研究者、知识分子,甚或对佛教抱持关心的人们而言,他们往往认为没有必要特意去研究日本佛教。也正因如此,实际上中国对日本佛教的关注是极其缺乏的。

　　虽然乍看之下日本佛教好像没有什么独创性,或似乎脱离了佛教的一般常识,但是,日本佛教的思想有其必然性的发展。因此,并非只是去

1

理解个别的片段思想,而是要把握整体思想史的发展,方能理解其产生新思想的必然性。如此才能适切地理解日本佛教独特的魅力。

中国文化受到儒学绝对性的影响,而日本文化或日本人的想法,其根底是佛教。中国佛教以僧院为中心,其影响在某一限定的范围内,而日本佛教则渗透到社会的各个角落,丰富了日本人的生活及文化。今日虽然其影响力逐渐衰落,但为了了解日本,学习日本佛教成为不可或缺的首要之务。

中国与日本在地理位置上虽然很近,但却很难相互理解。如果是没有相互理解的对立,那是很危险的。如欲克服这个难题、建立新的中日关系,理解相互的文化根底是不可缺的。因为,在理解他人的同时,也成为自我反省的契机,不是吗?

本书虽然不是大部头的书,但尽可能不受特定宗派所拘泥,从自由且宽广的视点来描述不同于中国的日本独自的佛教思想及其发展,深入探讨被视为是日本佛教特征的本觉思想、葬式佛教、神佛关系等问题。虽然是入门书,但不拘于一般的通说,尽量记述从我个人观点出发的研究结果。二十几年前的著作,或许有些地方无法反映出现在最新的研究状况,但在基本的地方,我有信心即使是现在仍然称得上开端性研究。

本书的繁体中文版由台湾商周出版社在 2002 年出版。译者涂玉盏氏(台湾文化大学日本语文学系副教授)是我任教于东京大学时博士班的学生,以日本净土教研究取得博士学位。这一次,因有葛兆光教授的大力帮助,才促成了简体中文版的发行,身为作者的我,这是很开心的事。但愿本书能让读者更理解日本佛教,甚至理解日本。

末木文美士

2013 年 9 月

代　序

H君：

　　暌违甚久,昨夜能见面很是高兴。想你从学生时代以来,历经了种种波折,依然一贯地坚持西欧哲学,不但没有被研究对象所吞没,相反地发展出很明确的理论,这是何等美好的事啊！和你相比,我当初虽然也立志于西洋哲学,却被"西欧"这道厚厚的墙,以及基督教这个巨大传统所拒,而转向佛教。即使如此,在经过种种摸索之后,又在"印度"这个深不可测的世界前犹豫不前,结果只好回到"日本"这个原点来。真是没出息！

　　但是,我也有自负的地方。不是常有人说不能扎根在自己国家的传统里,是无法展开脚踏实地的思想的吗？也常有人说,日本这个国家,是无法让自己国家过去的思想落实而成为思想史的。即使是日本学、日本论等逐渐变成显学的今日,仍然无法窥见日本思想史的整体风貌。当然,这不单纯是研究者的问题,有些也是日本思想史本身存在的内在问题。或许有人质疑这样的想法太陈旧,我平常在思考这个问题时,常会想起丸山真男氏的话(稍早之前的想法,马上被视为古旧而该摒弃,这种想法本身就有问题)。

　　将我们的想法、思考模式分解为各式各样的元素,如果再进一步溯源到各自的源流系谱,如佛教、儒教、萨满教、西欧等等,应该可以找到在我们的历史洪流中烙下足迹的一切思想的些许片断吧！问题是这些元素杂然并存,其相互间的论理关系及所占的位置等,却是一点也不明确[1]。

从上述这段话开展出来的,或许是"非日本的",然而其分析作业,无论如何是不能没有"日本的"或"非日本的"。再次借用丸山氏下面的话:

过去被刻意对象化,且在现在未被"扬弃"的东西。也就是过去从背后滑进现在里面,过去的思想未累积成传统,和"传统"思想糊里糊涂,毫无关联地潜入现在而搅在一起,事实上只是同一件事的一体两面而已[2]。

不过,现在我的主要问题意识是,与其说要把握住整体的日本思想史,不如专心于佛教。在全体佛教思想史的演变中,寻找出"日本佛教"的思想位置,这样的意愿是比较强的。这样的话,或许会从日本思想史中,切割出某些片面的缺失。也就是说,在整体的掌握上来看,或许并不恰当。但是这样做,并不是完全没有优点。将视点放在身为世界宗教而传遍整个亚洲的佛教上,不局限在"日本"这一个范围。在某种意义上来看,是站在外面客观地看"日本"。听起来或许有些狡猾,但是,我对太过于日本化是有些排斥的。也就是说我期待,一方面是"日本"的内在化,同时常希望在某一程度上撒开"日本"这样的视点。

因此,对我而言所谓的"日本佛教",带有"日本"与"佛教"间相互阋墙的感觉。"日本佛教"这个语汇是有问题的,在昔日的皇国史观中,主张正因为有"日本","佛教"才能达到其最高的圆熟度,而且佛教的独自性在"日本佛教"这个语汇中表露无遗[3]。也就是说,"日本"与"佛教"间,应该是可喜可贺的和睦关系。正因为有这样的原委,我总是对"日本佛教"一词有着排拒感。但是不管怎么说,对我而言"日本"与"佛教"不是可喜可贺的和睦关系,而是各怀企图居心叵测,在某些矛盾不相吻合的

---

[1] 丸山真男《日本の思想》(岩波新书,1961)。
[2] 同书。
[3] 参照拙稿《"日本仏教"を再考する》(《日本佛教思想史论考》,大藏出版,1993)。

地方,才是有趣的所在。

　　大致上说,佛教是一个奇怪的宗教,它在发祥地的印度早已消失,在中国、韩国虽然还存在着,却早已在某一时代以后失去它在思想史上的积极意义。或许有人会质疑说,基督教不也在其发祥地的犹太人社会中消失了吗? 但是在犹太人的社会里,最初基督教徒并不是占那么多数,也未留下对犹太人的影响。可是佛教在古代印度的某时期,在思想上、宗教上都有足以傲称为主流的强大力量;印度最伟大的哲学家商羯罗(Śaṅkara)[1]甚至有"假面佛教徒"之称,留下很大的影响。然而,佛教几乎完全地消失于印度,又是为什么? 在中国,从中世的佛教全盛期,到了近世站在袒护佛教的角度上来看,就有想闭上眼睛不忍卒观的悲哀。而日本的情况,虽然佛教还保留着相当强的力量,但近世以后在思想界不再拥有主流的地位。

　　当然,也有像中国西藏地区、东南亚国家一样,佛教已经完全地落实在那些区域;所以也不能一概而论,但总觉得佛教本身有一种很难固定、落实下来的元素。从思想层面上来看,例如"空"的想法,总令人有"安定感"不足的感觉。因为"空"是对"有"的不断否定,所以打从一开始"空"就拒绝安定。其否定的能量,甚至在拥有巨大传统文明的印度及中国,也曾一度造成强烈的冲击。之后,被吠陀、儒教的传统所吸收,才能有安定的架构。当然,我这样毫无凭据地说,是有信口开河说大话之嫌。另外,可确认的是"日本"与"佛教"很明显地并不是调合和睦的关系。

　　现在我在准备写《日本佛教史》,是一种入门书。当然我很清楚知道入门书、概说书等应该是权威学者所写的,不应该是像我这样假装了不起就能写的。何况,目前以"日本佛教史"为名的出版品非常多,其中也不乏备受好评的经典名著。或许你会说,既然如此何须多此一举? 我之所以要写这本书,有我的理由,我也将尽我一己之薄力来撰写。

　　首先,向来的《日本佛教史》几乎都是由日本史方面的学者们撰写的

----

〔1〕　商羯罗,Śaṅkara:700—750 年左右。确立了印度吠檀多学派的不二一元论的立场。著有《ブラフマスートラ注解》。

历史书。我正准备写的这本书,将会在"思想"方面更用心,虽然我也曾想把书取名为"日本佛教思想史"。但,这终究是我毕生志业想完成的一本专门书,而且,本书不单纯是研究思想上的问题,也融入一些与文化相关的东西。因为我清楚明白自己选了一个与许多书同名的标题做书名,所以试着再加上副题——"思想史的探索"。

另外,我将试着用这样的态度来撰写,即把印度以来的佛教演变放在心上,将前述的"日本"与"佛教"的微妙关系,至少以问题意识呈显出来。而向来的《日本佛教史》基本上都是想当然地站在将佛教涵括于"日本"的角度来看,且从不质疑这样的角度。但是,前面也提过,应该不是只是那么简单的。当然本书中也不会让这样的问题意识频繁地出现。

日本虽然没有像西洋哲学那样的理论和思辨所构筑而成的庞大思想空间,但也并不是没有那样的思想。只是想要以概念来规制时,思想就逃之夭夭罢了。因此,到底该如何来掌握?仍然还须继续摸索。

不管怎么说,书完成后请务必惠赐指教,同时也请大大发挥你一向直言不讳的辛辣批评。

第一章　圣德太子与南都的教学

佛 教 传 日

佛教正式进入日本的时间

现在我们从历史教科书学到,佛教在 538 年从百济正式传入日本。但是,较年长的人们一定记得佛教传入日本的年代是在 1212 年。1212 年是所谓的日本纪元的年,换算成西历年则是 552 年,也就是钦明天皇十三年。前者(538 年)之说是依据《元兴寺伽蓝缘起并流记资财帐》[1]等之记载,后者(552 年)之说则是依据《日本书纪》之记载。《日本书纪》是奈良时代由国家斥资完成,具权威的历史书。如今其说不被认同,又是为什么[2]?

事实上,近代的研究已经表明,《日本书纪》在记载从继体天皇到钦明天皇的 6 世纪前半的历史中,为了掩盖当时的政治混乱,添加很多不实造作,所以许多记载不能完全相信。加上佛教传入日本时,百济的圣明王

---

〔1〕《元兴寺伽蓝缘起并流记资财帐》一卷。天平十九年(747 年),记载了元兴寺(飞鸟寺)的由来与寺有财产。收录于《宁乐遗文》《寺社缘起》(日本思想大系,岩波书店)等。

〔2〕 有关佛教传到日本的最近研究,请参照速水侑《日本佛教史 古代》第一章(吉川弘文馆,1986)。

(圣王)写给钦明天皇的书信收录在《日本书纪》,该书信引用了当时尚未译出的汉译经典的文句[1],所以更增加其不可信因素。相对的,依据其他不同的古传承系统所撰述的《元兴寺伽蓝缘起》,则被认为人为造作添加的因素较少,可信度较高。

那么,难道538年之说就绝对正确吗?当然那也并非没有问题,特别是近年来,随着朝鲜古代史研究的进展,发现有关百济王即位年代的根本史料[2],有相差十四年的两个系统。如此一来,538年说与552年说的十四年差距,有可能是根据不同的百济史料。因此,问题似乎有必要再回到原点,这也是研究日本古代史不能忽略朝鲜历史的一个明显例子。

佛被视为"神"而被接纳

年代的问题暂且不论,与佛教同时传入日本的东西,据传有佛像、佛具以及经典。佛像崇拜问题,引发了苏我氏与物部氏之争。两者之争是众所周知的,但这是否是史实,至今仍是个谜。这个问题不完全是宗教上的,当然也与政治因素纠缠不清。也有人主张物部氏未必是强硬的排佛论者。不管怎么说,从视佛为"他国神"或"蕃神"的记载,可以知道当时佛被视为与日本的神是同格的,这一点是毋庸置疑的。

毕竟,如同本居宣长对"神"所下的定义,即"何其稀有啊!具有不寻常之德,可畏者"[3]所述一般,神超越人所知之处是令人敬畏的。人们相信神一面赐恩惠给人,另外祂的愤怒将带给人灾难。又说神是从他处来到人间的,并不会定居在人间,因此视新来到日本的佛为"客人神"而接纳之。这样的理解方式,也不是什么不可思议的。因此,若真有崇佛排佛之争,崇佛派视佛为招福之神,而排佛派则视佛为瘟神。两者之争不在教理、思想上,而是在其将会带来灾厄或招来福祉的层次上。

这样的佛教认知方法,不只是当时的问题,也是日本佛教的全体问

---

〔1〕《金光明最胜王经》十卷。703年义净汉译。

〔2〕有关圣明王(圣王)的即位,若依《三国遗事》所载,百济王历的即位年的干支是在癸巳年,相当于513年。但若从历代诸王的政治年数来计算,则为527年。

〔3〕本居宣长《古事记传》卷三。

题。也就是说,这样的认知方式被认为是日本佛教的大特征。例如,比起法(教理、思想)或僧(教团)来,日本人以崇拜佛为中心,不重视令人难解的理论,而重视现世利益(后来又加上死者供养);这与自古以来崇拜神的想法是一致的。这些特征,在这里已经明显地看得出来。

大乘佛教的形成

接下来我们将循着日本佛教的思想演变轨迹来看。在此之前想简单地介绍传到日本的佛教,到底是什么样的宗教? 它又经过什么样的演变与发展[1]?

佛教的始祖被认为是在前6至5世纪,或前5至4世纪间活跃于恒河中游流域的瞿昙·悉达多(Gautama Siddhārtha),取其出身部族名——释迦牟尼(释迦族的圣者、释迦、释尊),也有取其开悟的人之意而称之为佛陀(Buddha,觉者、佛)。初期的佛教也称原始佛教,主张世界的种种相状是"苦"的,并合理地说明如何超越苦,组织出家教团,鼓励修行。在佛陀去世后的一百到二百年后,由于种种不同意见,教团分成几个部派,而形成部派佛教的时代;现在的斯里兰卡及东南亚所传承的,就是其中之一的上座部系佛教。

相对地,弘传至中国、朝鲜、日本等东亚的佛教被称为大乘佛教。大乘佛教是在纪元前后,在一些对旧有的佛教感到不满的人们所发起的新宗教运动中形成的。那么,大乘佛教是什么? 若从正面来看这个问题,还真是一个大难题,不是三言两语可概说的。除了"空"的思想、菩萨的利他主义之外,一般认为其与在家人的活动有很深的关联,还有大乘佛教也很重视对佛陀的信仰等。对在家人说是平易的行门,而且信仰对象不单单局限在释尊,也信仰其他的佛、菩萨。例如阿弥陀佛、药师佛、弥勒菩萨等的信仰也有很大地发展,这也加速了源于犍陀罗(Gandhāra)等地的佛像制作与发展。在中国、朝鲜、日本等广受信仰的大乘经典,如般若经典、

---

〔1〕　关于佛教史的概观,请参照三枝充惪《佛教入门》(岩波新书,1990年)。

《法华经》、《华严经》、《无量寿经》等,也是在这样的运动中形成的。

印度的大乘佛教后来发展成中观、唯识等哲学,之后也形成了密教,任何一项都带给日本的佛教很大的影响。关于这些容后再述。

传往中国、朝鲜的佛教

上述情况下形成的大乘佛教是经由中亚传向中国的。佛教传往中国的实际情形虽然也不甚清楚,但最为人所知的是后汉明帝梦见金人,派遣使者至西方求佛法的传说。初传时间是永平十年(67 年)[1]。道元在越前创建的永平寺,就是以此年号命名的。

总之,在 1 世纪时佛教已传至中国,而 2 世纪时则开始翻译主要的大乘经典。但是,佛教真正落实在中国,是经由 4 世纪道安(312—385 年),及其后 5 世纪初来到长安,并在译经史上留下划时代业绩的鸠摩罗什(350—409 年左右;有异说)的努力。紧接着的 5 至 6 世纪的南北朝时代,佛教则大大盛行于中国,在教理、思想方面也有很深入的研究,紧连着的是隋、唐时代的发展。不过南北朝时期的教学传入日本,则还需要些许时间。

最后,与日本有直接关联的朝鲜的佛教,又是怎样一种情形呢[2]?朝鲜在 4 世纪左右进入所谓的三国时代,直到 7 世纪后半叶方为新罗所统一。佛教最早传到朝鲜北边的高句丽,时间是 372 年,从中国的南朝传到百济,是在 384 年,经由官方传入新罗是在 527 年,而一般认为经由民间传入应该在更早之前。即使是百济,佛教的盛行也是在 6 世纪初的圣王时代,所以佛教传往日本无须追溯到太早,因为佛教是以最新文化的角色被带入日本的。

以上,极简单地概述佛教在中国及朝鲜的弘传,传入日本的佛教,早在官方转入之前的一段很长时间,已经在许多民族之间传播着。在与许

---

〔1〕 有关后汉明帝的求法,出自《后汉书·西域传》等。请参照镰田茂雄《中国佛教史》第一章等(岩波全书,1978)。

〔2〕 有关朝鲜佛教,请参照镰田茂雄《朝鲜佛教史》(东京大学出版会,1987)。

许多多的民族、文化互相接触中,佛教一方面贯彻其身为宗教的一贯性,另一方面也融入各个民族、文化,而有不少改变。在日本的传播与发展也是一样。来自大陆的新动向不断地传进日本,我们也可以看得到佛教在回归宗教原点的同时,也一面扎根在日本人的生活中。因此,佛教完全日本化的现象是不容忽视的,也就是说,日本的佛教是在两者(佛教与日本化)的紧张关系中发展的。如果不忘失这一点,就会意外地理解错综复杂的日本佛教史的演变趋势。

圣 德 太 子

史 实 与 传 说

太子的超能力魅力

以苏我氏为中心,在 6 世纪中渐渐稳固地盘的佛教要达到飞跃性发展的阶段,说什么也得等到 6 世纪末、7 世纪初圣德太子的时代。若依日本教科书之说,圣德太子(574— 622 年)是用明天皇之子,在推古天皇即位的同时成为其摄政王(539 年)。圣德太子的丰功伟业除了遣隋使的派遣,冠位十二阶、宪法十七条的制度制定,史书的撰录,及中央集权的新国家体制的整备之外,同时也关心佛教,参与寺院的建立,经典的讲说等。

然而,若只是这样来叙述圣德太子,实在是太没有吸引力了。在日本人的心目中他是占有独特的地位的,例如,在不久之前,圣德太子的肖像还是被印在高额纸币上,是最为日本人所熟知的历史人物。让我们来看近代的圣德太子观,有佛教徒对太子的单纯信仰,有站在天皇制与佛教的交集点上而存在的战前国家主义体制下的迂腐评价,也有像龟井胜一郎氏在自己思想转变的体验上,主张所谓的古代知识人的悲剧性观点[1],还有近年成为话题的梅原猛氏的著作《圣德太子怨灵论》[2]。和亲鸾并

---

〔1〕 龟井胜一郎《圣德太子》(创元社,1946)。
〔2〕 梅原猛《隠された十字架》(新潮社,1972)。

驾齐驱,在思想史上发展出各种圣德太子论。最近,圣德太子因成为小说或漫画中的主角及英雄人物而大受欢迎。

圣德太子似乎有超越时代的超人魅力,这种魅力到底是从何而来? 实际上,太子死后不久,有关太子的传说和太子信仰就已经萌芽。其传说渐渐演变发展,最后变成无法分辨何者是史实,何者是传说。也可以说是这种现象孕育了自由的太子观。古代史几乎全是些令人难以理解的记载,特别是有关圣德太子的一切相关史料——与其问资料有哪些问题,毋宁说究竟该相信哪些资料——全然没有办法确定。

法隆寺与太子信仰的萌芽

接下来,想更深入探讨太子信仰与太子传说。法隆寺金堂的释迦三尊像是飞鸟时代的代表性雕刻作品,大家都熟悉其端正古拙的造型。佛像的背光上有造像缘起的铭文;据该缘起文可知,佛像是为了祈求圣德太子的病能痊愈而雕造的,但在刻塑期间太子就逝去了。其中值得注意的是,此佛像有所谓的"释迦尺寸王身",也就是说,这是尊"太子等身"的像。另外值得注意的一点是,造像者祈愿死后随侍三主(太子,其母后与太子妃)的记载。这一点透露出对太子的敬爱,也可以说是太子信仰的萌芽。

当然,背光上的铭文,是否能照单全收地完全相信呢? 仍然还有议论的空间。但是,7世纪后半叶法隆寺在天智天皇九年(670年)失火时烧毁,其后再重建。即使不愿承认梅原猛氏主张的太子怨灵说,至少重建法隆寺绝不是单纯地因为该寺是太子所创建,而是强调该寺是奉祀太子的寺庙[1]。

片冈山传说与圣人的多重性

现存太子传中,最古的有《上宫圣德法王帝说》[2]及《日本书纪》,记

---

[1] 上原和《圣德太子》(讲谈社学术文库,1987)。
[2] 《上宫圣德法王帝说》一卷,集录有关圣德太子的史料。知恩院所藏本虽是平安时代的写本,所录史料比平安时代还要早。所传是与《日本书纪》不同系统之史料,极其贵重。收录于《圣德太子》(日本思想大系)。

载有关太子的记事。在时间上,约为 7 世纪后半叶到 8 世纪初左右;在内容上,以史实为轴,含有已相当发达的太子传说。其中最受瞩目的是《日本书纪》的推古天皇二十一年(613 年)条目中所记述的片冈山传说。

据《日本书纪》所载,太子游片冈山时,见到因饥饿倒在路旁的人。问其名,不见回答。太子赐饥者食,并为披衣。后歌曰:"在片冈山,因饥而卧倒之旅人,可怜啊! 汝无亲乎,无主乎。因饥而卧倒之旅人,可怜啊。"

隔天,太子遣使者再去探问。因饥者已经往生,遂埋葬之。之后太子说:"彼饥者非凡人,是真人也。"于是再次遣使者往探,结果坟墓内没有尸体,只留有衣物。太子命取回衣服,一如往昔般地穿着,遂有世人赞曰:"惟圣知圣也,此果其然哉。"

这是一个颇受欢迎的故事,在《日本灵异记》[1]里也有记载,但是有些许出入。这个传说故事,最初可能是对因饥寒而卧倒在路边的死者的一种慰灵歌,后来与圣者圣德太子相结合而成为所谓的片冈山传说。

文中备受注意的是"圣人"(圣、真人)概念的多面性。"圣"原本是指日本古代宗教中具灵性能力的人,而在这个传说记载中加上了中国人"圣"的观念。中国的"圣人"在儒教中指的是绝对性的帝王,佛教则是绝对者佛陀。除此之外,还加上道教的"真人"[2]概念。已经死亡的人从墓地脱离而升天,这在道教里称为"尸解",也是道教中成为不老不死的仙人的方法。如此具有多重性格的圣人观,被认为正是适合太子的最佳写照。

太子是南岳慧思转世之说

总之,上述传说是后世穿凿附会,是怪诞、夸大之说。那位饥者是谁?

[1] 《日本灵异记》全名为《日本国现报善恶灵异记》,三卷。景戒编,成书于弘仁年间(810—824 年)。收录以佛教的因果报应思想为本的故事,在传达当时民众的佛教信仰实态上是极重要的资料(日本古典文学大系,岩波书店)。
[2] 真人:道教所追寻的理想人,悟得宇宙的根源、自由境地的人。原本出自《庄子》、《淮南子》等。佛教则以佛陀为真人。

有说是禅宗的始祖达摩。这种说法,一见即可知道是后世禅宗之徒所捏造出来的。事实上,在更早之前奈良时代的太子传中,已经可以看得到该传说与太子是南岳慧思[1](515—577 年)的转世之说的紧密结合。南岳慧思是开创天台宗的天台智顗(538—597 年)的老师,以其具特异禅定能力与法华信仰而为人所熟知。有关慧思圆寂后转生于日本王家中的圣德太子之说,在奈良时代末期的文献中就可见到。文献中还说,建议慧思转生到日本的是当时来到中国的达摩,而片冈山的相逢是两人的再会。

然而圣德太子诞生时,慧思仍健存于中国。可见这是一个多么怪诞的话题,而这个传说似乎源自中国。据说是远渡重洋首度将正规的戒律传至日本的鉴真的弟子思托[2]及其身边的人传入的。这个传说对后来天台宗在日本的定位上,发挥了不小的功用,因此不能小看一个传说所达成的使命。与此传说相关的还有另一个传说,即遣隋使小野妹子至隋之际,太子曾嘱咐他取回自己的前生慧思时所爱用的《法华经》。像这类添枝加叶的传说故事是越来越膨胀。

平安时代(10 世纪初左右)的《圣德太子传历》[3]可以说是集太子的此类传说式传记之大成者。直至近代的批判研究兴起为止,所谓的太子传记几乎全是取材于《传历》。

随着这类传说的形成,更增加了对圣德太子的崇拜、信仰,四天王寺、矶长(大阪府南河内郡太子町)的太子庙(睿福寺)等,吸引了无数的参拜人群。若要举太子信仰的实例,虽然是不胜枚举,但颇受注目的例子之一有镰仓时代的亲鸾。亲鸾年轻时,曾在比睿山修行,于 29 岁时离开比睿山加入法然的专修念佛之门。而令亲鸾下此决心的关键,则是离开比睿山之前,他到当时被认为是太子创建而备受尊崇的京都六角堂闭关百日,

---

〔1〕 南岳慧思:豫州(河南省)武津人。天台宗第二祖,师学慧文禅师。讲《般若经》、《法华经》等大乘经典,又依《法华经》等实践禅定的修行。其传记可见于《续高僧传》卷十七等。

〔2〕 思托:生殁年不明。沂州(山东省)人。师事鉴真,天平胜宝五年(753 年)与鉴真一起来日。著作有日本最古的僧传《延历僧录》及鉴真的传记《大和上鉴真传》等。

〔3〕 《圣德太子传历》二卷,藤原兼辅撰。延喜十七年(917 年)成书,以编年史方式叙述圣德太子的传记,也含有许多传说的内容。收录于《大日本佛教全书》。

且得到神谕。虽然亲鸾以首位公然娶妻的出家人而闻名,但令他下此决心的,一般也认为是因为得到圣德太子的神谕。亲鸾于 83 岁时,撰写了由 75 首和赞所组成的《皇太子圣德奉赞》,其一生对太子的笃信跃然文中。

思 想 与 信 仰

天寿国绣帐

与太子传说及太子信仰相关且应该论述的资料虽然还有很多,这里我们将逐次渐进地讨论太子本身的思想与信仰,并进行考查。然而,这也是一个蛮棘手的问题。如前所述,与太子相关的史料,几乎都留下很多疑点。因此,在诸多史料中,如何取舍,其出入差距是很大的。也有严谨的论者主张,真正是太子所说的话,只有天寿国绣帐中看得到的"世间虚假,唯佛是真"〔1〕,和山背大兄皇子所传的太子遗言"诸恶莫作,众善奉行"〔2〕而已。但是,此二文也只是传闻,凭此虽然可推知太子对佛教的热心信仰,其他的也无可得知。

那么,有什么样的资料可应用呢? 首先想举的是刚才提到的"天寿国绣帐"。天寿国绣帐是为了满足太子妃橘大郎女想一睹太子逝世后,往生的"天寿国"的模样的愿望,由推古天皇命令女官织成的两张绣帐。虽然到了今天只留下极片断的东西,而记述此缘起的铭文被收录在《上宫圣德法王帝说》中。严格来说,从这里可以推知的是太子妃橘夫人的信仰而不是太子本身的信仰。若站在与其说这是太子个人的信仰,不如说是飞鸟时代的佛教信仰的观点上来理解,这样的考量仍是不太严谨的。也有学者认为绣帐或铭文的成立年代应还要再晚一些,但其论据并不够充分。

---

〔1〕 "世间虚假,唯佛是真":世间是虚假的,而唯有佛才是真实。表达了世俗的、现象的世界的无常性与佛的绝对性。引自《上宫圣德法王帝说》。
〔2〕 "诸恶莫作,众善奉行":非太子独创,乃七佛通诫偈的最初二句。其后紧接的是"自净其意,是诸佛教"。在简述佛教的根本时,经常被引用。

天寿国者何物也?

这里再度成为问题焦点的是"天寿国"三字指的是什么? 目前知道的是此名称在中国写经的跋文中[1],只有一处可以看到。这是极珍贵的资料。那么"天寿国"指的是阿弥陀佛的极乐净土? 还是弥勒佛的兜率天? 或者指的是除此二者之外的其他地方? 说法虽然有很多种,但或许指的是阿弥陀佛的极乐净土。

其依据是除了依上述写经的跋文所作的解读外,阿弥陀佛在中国被译为"无量寿佛",指的是寿命无限长远,从这一点也可以推证之。另外,太子生前莅临伊予的道后温泉时,所立的碑文(虽然此碑文有疑点,大抵上是可以认同的)中有"寿国"一词,且从其后文脉看来,也可以看出指的是极乐净土。

不过,研究者经常犯的一个错误是,一讲到极乐净土就联想到后代净土信仰所看到的那种纯弥陀的信仰。这种纯弥陀信仰在太子的信仰中是否已经存在了? 事实上,在那个时代那样的想法是不可能存在的。况且,净土信仰绝对不是净土经典或净土教的思想家们所叙述的那种纯信仰,而是含藏各种要素、含混笼统的。即使是现在一般人所想的净土也是如此,如果忘了这一点,终将陷入学者的空理空论中。应该严记。

《三经义疏》真撰说与在家思想

谈到太子思想,无论如何都无法不论及《三经义疏》。《三经义疏》是《法华经》[2]、《胜鬘经》[3]、《维摩经》[4]三经的注释书,古来此书就被认为是由太子所撰并广为人所知。但近代的研究对《三经义疏》是太子

---

[1] 三井家所藏《华严经》卷四十六的跋文(隋开皇三年,583 年)中有"愿亡父母托生西方天寿国"之文。请参照常盘大定关于"天寿国"的研究(《支那仏教の研究》,1938)。

[2] 《法华经》请参照页 70—73。

[3] 《胜鬘经》、《胜鬘狮子吼一乘大方广方便经》一卷。求那跋陀罗译(436 年)。以在家的胜鬘夫人说法的形式,讲说如来藏思想。

[4] 《维摩经》、《维摩诘所说经》三卷。后秦鸠摩罗什译,另有支谦译本及玄奘译本。由在家的维摩居士与佛弟子间的对话所构成,谈论大乘的"空",广受中国人、日本人喜爱。

真撰还是伪撰等诸多说法,展开了活泼的议论。向来认为是真撰的人,认为从该书可寻出太子的思想,特别是《法华义疏》有太子的亲笔本留传于世,该书现在被奉为"御物"。但相反的,若认为《三经义疏》不是太子的真撰,那么日本现存最古老的大作将幻灭,这将成为一大问题。更深入一点来看这个问题,这是一个极有趣的议题,如果抽掉《三经义疏》的话题,将无法讨论日本的古代佛教。下面将试着介绍、检讨此议题中的主要问题点。

总而言之,《三经义疏》在奈良时代就已经被认为是由日本人所撰写的正统佛教书。这点也是我国佛教人士所感到骄傲的,特别是到了镰仓时代已有注释书问世;而真正对此书做批判研究的是近代的花山信胜氏。花山信胜是二次世界大战后 A 级战犯的死刑囚的教诲师,特别是以东条英机等的临终导师而声名大噪。身为一位学者,他在《三经义疏》的研究上投注了很多心力,特别是对传太子亲笔的《法华义疏》的写本进行了非常详细的调查与检讨。这本所谓的"御物本",是由法隆寺献给皇室的四卷写本。借由多方面的研究,花山信胜所做的结论是[1],认同其为太子的亲笔书。花山信胜从各种角度来陈述其论点,下面所列为其主要论据。

一、原写本的加笔、修正非常多,此为作者亲手之笔。特别是表达作者本身想法的地方修正特别多。另在汉文使用上的不适切处或错字等,可看出是不熟谙汉文的日本人的著作。

二、奈良时代的史料中,《三经义疏》被视为太子的著作。又书中大胆批评大陆学匠之说等,足见作者具有相当的学识与独立思考能力,在那个时代里,除太子之外,不作第二人想。

从上项论据得知花山信胜判论此写本为太子的亲笔。至于内容,虽然是以中国梁代三大法师之一的法云(467—529 年)的大作《法华义记》作为"本义"(《法华义疏》的底本),但书中随处可见作者的独特见解。例如,书中主张超越"大乘"的绝对"一大乘"的看法,可以说与后来最澄

---

[1]　花山信胜《聖德太子御製法華経義疏の研究》(1933)。

11

等的运动相衔接。另外,对经中《安乐行品》的"常好坐禅"一语的解释,颇有意思。也就是说,不论是经文的本义或法云的解释都是"常常喜好坐禅",而《法华义疏》却故意用不同的看法——"常好坐禅少(小)乘禅师",认为只在山中坐禅的修行者是小乘的禅师,他们是菩萨所不该亲近的十种对象之一。如果此书真是太子的真撰,这里也可以看出太子是一位贯彻在家佛教的实践者,并强烈地表达了他反对离开世俗生活的山中修行。总括来说,不仅是圣德太子,整个日本的佛教史重视在家佛教的倾向成为一大特征。《法华义疏》的这一节,具有极重要的意义。

《三经义疏》是中国人的著作吗?

花山信胜对《胜鬘义疏》及《维摩义疏》,特别是前者有相当详细的研究。另外,主张《三经义疏》是伪撰的,以最早提出的津田左右吉[1]为首有多种说法。这里省略对其一一做介绍,而举近年的研究中带来最大冲击的藤枝晃氏之说[2]。以藤枝晃为中心的研究团队,长期从事敦煌写本的研究,他们从敦煌写本中新发现了可以说是《胜鬘义疏》底本的写本。

敦煌,就是那被埋在沙漠中,以留有优质壁画而举世闻名之地。从莫高窟第十七窟出土,堆积如山的卷轴充满了令历史,特别是佛教史重写的新资料。敦煌的发现是在 20 世纪初,一一检讨那些繁杂如山的卷轴的内容,直到今天还发掘出为数不少的重要资料。

从事这项研究的藤枝晃所下的结论是,被认定是太子撰的《胜鬘义疏》是中国北朝的经典注释潮中的一本,由遣隋使带回日本,之后被视为太子所撰。如果《胜鬘义疏》是这样,当然另外两本也有可能是一样的。另外,藤枝晃也从他丰富的写本调查经验,来推论被奉为"御物"本的《法华义疏》是中国的写经生所书写的。

---

[1] 津田左右吉:1873—1961 年。历史家、思想史家,早稻田大学教授。进行的是以日本神话、古代史为首的科学式、批判式的研究。有关圣德太子的研究,在其《日本上代史研究》(1930)一书中,否定十七条宪法、三经义疏等。
[2] 藤枝氏的说法可见于《圣德太子》(日本思想大系,1975)的解说文。

如果藤枝晃的考证是正确的,那么向来站在日本史的立场上,视本书为重要书籍之事,将变得毫无意义。在敦煌写本研究的这一个新实证性的研究领域成果上,藤枝晃提出的主张是极重要的。至目前为止,尚未看到主张真撰说的人提出有力的反论。

但是,藤枝晃说是否就成了定论? 其实还是留有不少的疑点。目前的情况是才要正式进入辩论真伪的阶段,因此也可以说完全改变日本佛教史看法的一大关节点,其辩论是现在进行式,对佛教史的研究领域来说,显示出非常紧张刺激的一面。

南都的教学

国家佛教与民间佛教

倾天下财富造大佛

天平胜宝四年(752 年)四月,已经让位给孝谦天皇的圣武前天皇率文武百官莅临了东大寺卢舍那佛[1]的开光供养法会。当时列席的僧侣有一万名,还有雅乐、诸寺的音乐演奏,甚至大臣们亲自表演五节及久米舞等,真可谓是"佛法东传以来,斋会之仪,未尝如是盛大"。《续日本书记》[2]对当时的盛况做如上评述。

自天平十五年(743 年)十月,誓造金铜的卢舍那佛造像以来,至佛像完成前后已有十年。在这期间,曾一度转移铸造场,所以实际上是在天平十九年(747 年)至天平胜宝元年(749 年)的短短三年间完成。圣武天皇曾豪夸:"朕拥天下之富,朕有天下之势。"又说:"尽国铜以镕像,削大山以构堂。"

在此之前的天平十三年(741 年,有异说),天皇颁诏在诸国建立国分

---

〔1〕 卢舍那佛(Vairocana):又名毗卢舍(遮)那佛,《华严经》的主尊佛。象征太阳光的广大,也象征佛开悟的绝对性。密教的大日如来也是由毗卢舍那佛所发展而来。
〔2〕《续日本书记》:天平十五年十月五日大佛造立的诏文。

寺、国分尼寺。又曾一度被视为"妖惑百姓"而遭弹劾的"小僧行基"
(《续日本书纪》,养老元年四月)在大佛建立之际,率先劝募筹建大
佛[1]。因此功绩不再是"小僧",而被升格为"大僧正"的82岁的行基在
大佛完成前的天平二十一年(749年)二月圆寂。在大佛开光后的第三年
(天平胜宝六年),历经种种苦难终于远从唐朝来到日本的鉴真一行人,
抵达当时的国都,并于卢舍那佛前为圣武太上天皇等授菩萨戒[2]。

　　正当集天下财富与权势于一身的天皇以"三宝之奴"自居,讴歌此时
为天平佛教的全盛期时,时代也在悄悄地移转。由于养老七年(723年)
的三世一身之法,天平十五年(743)的垦田永年私财令,导致律令制彻底
崩溃;还有相继风起云涌的政变带来政界的混乱与不安,再加上原本应该
是为了祈祷国运永昌而建造的大佛,因为过度苛刻榨取劳工,造成人心离
反的结果。天平胜宝九年(757年)的橘奈良麻吕之乱,引爆出东大寺建
立以来的人民疲弊问题。在这期间进入朝廷的佛教,造就了怪僧道
镜[3]的把权,营造出一个特异时代。

国家佛教的繁荣

　　美术史、文化史研究者虽然给予天平佛教高度的评价,但佛教史研究
者的评价却不太理想。这是因为后者认为当时的佛教与国家权力纠缠太
深,导致过度乖离了民众的生活。但是,此一时代后期的药师寺景戒,在
他的著作《日本灵异记》中,对自己所处的时代判定为末法时代,并赞颂
圣武天皇的时代为"圣皇德显"的时代(中卷序文)。

　　另在《日本灵异记》的上卷第五有"信敬三宝,得现报缘"等耐人寻味
的文句。这个故事的主旨是大伴氏的祖先大部屋栖(野)古的崇佛活动,

　　〔1〕 行基:河国大鸟郡人。传说是道昭的弟子,但并无确证。致力于民间布教与社
会事业。由于众多弟子来集,致使政府经常禁止镇压其活动。因造立大佛的功绩于天平十
七年(745年)被擢升为大僧正。
　　〔2〕 菩萨戒:亦称大乘戒,有很多种类。圣武天皇所受的,及广为日本所用的是《梵
网经》卷下所述之梵网戒。后为最澄所采用。
　　〔3〕 道镜:? —772年。河内国若江郡出身,俗姓弓削连。身为内道场的禅师,为孝
谦上皇看病有功,受封法王,位高权重,曾策划政变,后失败。

其中记载了屋栖古死后在中国的五台山与圣德太子相会。圣德太子引见屋栖古给文殊菩萨(妙德菩萨)时说："悔过毕,还宫作佛。"景戒为之注解说:圣武天皇是圣德太子的转世,行基是"文殊师利菩萨的反化"。对景戒而言,圣武天皇与行基的搭档时代正是佛教兴隆的时代,也是过去美好的黄金时代。

在国家兴盛的背景下,佛教的教理研究也有突飞猛进的发展,关于这一点,将作为下一个单元的课题。接下来让我们看看与国家佛教发展相对的民间佛教的动态。

自圣德太子的时代开始,经大化革新、律令制,而逐渐确立了天皇中心的中央集权国家的体制。在这之间,佛教一方面受到国家的保护、育成,甚至被编入国家的例行行事中,另一方面也必须受到国家的制约。国家之所以大肆引进佛教,虽然有种种理由,但一般认为最大的理由是国家利用大陆传来的新宗教文化,来排除旧氏族社会的障碍,同时也企图借此树立新的国家体制;也可以说是一种律令体制的意识形态的层次。但是,新的律令制体制并没有让旧的氏族社会灭绝,毋宁说新的律令体制使旧的氏族苏醒,同时也将之导向新秩序组织内。另外,大幅度采用佛教的天武朝时代也同时是确立以天照大神为最高顶点的神祇体制的时期,这些最后被汇归为记纪神话。佛教与古有的神祇体制并存,或是两者相关联地发展起来。有关这项论题,将在第六章"神与佛"中讨论。

民间佛教的能源

面对国家佛教的兴盛,民间的佛教活动也变得异常活泼。《僧尼令》[1]禁止僧尼在民间布教;既然民间布教是被禁止的,那么反过来说那些民间的佛教活动可以说是有问题的。未经正式许可而剃度的私度

---

　〔1〕《僧尼令》为统治僧尼的法令。现存僧尼令有养老令(718年制定)、大宝令(701年制定),共27条。严厉统治僧尼活动,相对的其保护僧尼的倾向亦很强。

僧[1]暴增,其指导者被尊为菩萨或圣者而受到人们的仰慕。行基正是代表民间佛教的第一人。

养老元年的诏旨,严厉指责"小僧行基"的活动是"妄说罪福,合构朋党"、"诈称圣道,妖惑百姓"。但是,正因为民间的佛教者充满活力生气的活动,促使佛教落实在民众中,且有了举足轻重的力量。官方在建造大佛时,不得不封"小僧行基"为大僧正以得到民间力量的协助,毕竟只靠官方的佛教,还是有无法突破的瓶颈。

前面曾经引用过的《日本灵异记》,虽然是成书于平安初期,但此书可以说是集古代的民间佛教者的活动记录之大成。该书作者景戒本身过的是"居俗家,蓄妻子,不养物,不菜食,亦无盗"的生活。书中除了行基之外,还栩栩如生地描述了如超人般的山岳修行者,且被奉为修验道之祖的役行者[2];天生具异样身体,具惊人智力的女性猴圣[3]等。早在佛教之前此类本土性、日本宗教性的活动已扎根于民间佛教者的活动中。平安时代也继承了这类民间佛教者的潮流,而发展成空也的阿弥陀圣、法华持经者等的活动,这些都是构成日本佛教的基本因素。

南 都 六 宗

"宗"的实体与概念

所谓的南都六宗,指的是俱舍、成实、律、三论、法相、华严六宗,这是翻开历史课本一定会有的。但若问其内容指的是什么,课本通常会写着:从大陆输入的学问佛教。大多不分青红皂白地用"六宗"一词来涵盖。那么奈良时代的学问佛教,到底是什么样的佛教?首先必须注意的是,此一时代的"宗"并非一开始就是六个。华严宗是在天平年间传到日本的,

---

〔1〕 私度僧:在僧尼令的制度下,一般人的出家成为国家的负担。因此,出家得度需要政府的许可(官度),并禁止未获许可的出家(私度)。虽然如此,私度僧不绝,成为社会混乱的因素之一,但同时这也是不受限于官方而导致自由的民众佛教展开的基础。
〔2〕 役行者:役优婆塞。役小角,请参照155页注释〔5〕。
〔3〕 猴圣:出自《日本灵异记》卷下第十九话。

而现在所谓"六宗"的文献完整地出现,最早是在奈良中叶的天平胜宝三年(751年)的正仓院文书中。养老二年(718年)的太政官布告中有"五宗之学"的说法,由此可知华严宗除外的"五宗"在此时代已被视为一个整体[1]。

但是,问题并不是那么单纯,再查其他寺院的相关古文书可以看到五宗或六宗之外,也可以看到摄论宗[2]、修多罗宗[3]及与三论宗并列的别三论宗等名称。实际上,令人费解的是修多罗宗与别三论宗的内容是什么,即使目前学者们的说法仍是林林总总难以确定。

接着该注意的是"宗"的概念。现在我们所谓的宗,指的是佛教内具有不同的教理、信仰等,且具有独立组织的集团。而南都六宗的"宗"指的是学派,或是一个寺院内专研诸学,诸宗同时存在,犹如现在大学中的学科或学部。据当时的文献记录,各宗在各寺院内拥有独立的研究所,所里图书齐备,而且设置佛龛并供奉着与各宗因缘较深的佛菩萨或祖师[4]。

然而,对"宗"的概念,我们往往单纯地认为它是直接由大陆进口的。但事实上在当时的中国不但没有像日本那样的"宗"的称呼,也没有具体的实体。在日本,虽然有人比照日本的"宗",说中国也同样有十三宗[5]。在中国确实有学派式的团体,但并没有像南都六宗那样的组织,更不用说会有信仰集团式的"宗"。后来中国虽然也出现了倾向信仰集团式的"宗",但那要等到唐代中叶之后[6]。

那么难道日本的"宗"一点都没有取样于中国吗?也并非如此。在

---

〔1〕　请参照井上光贞《南都六宗の成立》(《日本古代思想史の研究》,岩波书店,1982)。

〔2〕　摄论宗:依无著《摄大乘论》(真谛译)为本的一派。盛行于南北朝末期至唐初,后被玄奘所传的新的唯识所吸收而告消灭。亦有一说谓传到日本的初期法相宗实际上是摄论宗。请参照田村圆澄《飞鸟·白凤佛教论》(雄山阁出版,1975)。

〔3〕　修多罗宗:"修多罗"是 sūtra 的音写语。修多罗宗以研究《大般若经》为主,亦称为实宗。

〔4〕　石田茂作《写経より見たる奈良朝仏教の研究》(1930)。

〔5〕　十三宗:毗昙、成实、律、三论、涅槃、地论、摄论、净土、禅、天台、华严、法相、真言各宗。见凝然的《三国佛法传通缘起》等书,而这些宗实际上在时代、性质上是不一样的,只是在方便上将其罗列在一起,在中国并没有这样的体系化。

〔6〕　有关"宗"的研究,请参照平井俊荣《中国般若思想史研究》(春秋社,1976)。

17

中国,自六朝末期开始,称呼佛教各派的专门集团为"众"。特别是隋统一后,隋文帝开皇年间(581—600年)在长安的兴善寺置五众、二十五众等。虽然二十五众的内容不详,而五众则是指十地众、讲律众、大论众、涅槃众、讲论众,每一众均任有众主。

中国的"众"与日本南都的"宗"有关联,南都的"宗"有时也称为"众",特别是早期叫作"众"的很多。尤其是在国家的重点寺院里设"宗",与隋的五众很近似。这不正可以说明南都的"宗"是以中国的"众"为样本?当然,这点还未经过充分的议论,仍有待商榷。

俱舍、成实、律宗

接下来将进一步讨论各宗的缘起与发展。如同前述,印度的佛教是从部派到大乘的方向展开来的。南都六宗中源自部派佛教的有俱舍宗与成实宗。俱舍宗是根据唯识派的世亲(Vasubandhu)作,玄奘译的《俱舍论》[1]而成立,因此,俱舍宗被认为是继承唯识派法相宗的属宗,《俱舍论》是法相宗的基础学。另外,成实宗是根据鸠摩罗什(Kumārajīva)在5世纪初所译的《成实论》而成立。《成实论》一方面是部派佛教的论书,一方面也因其内容是讨论"空"的关系,被视为是三论宗的基础学。源自部派佛教的还有律宗,但大致上说戒律是不分大乘、小乘,是一切佛教的基础学,特别是中国唐代的"四分律"[2]研究是很进步的。日本也是承继这个系统,7世纪末虽然有道光入唐研究戒律,但在日本本土正式研究戒律则须待鉴真(688—763年)。

东大寺的中心教学——华严宗

以初期的大乘经典为根据的宗派有华严宗,以及到了平安期才确立

---

[1]《俱舍论》全名《阿毗达磨俱舍论》三十卷。基本上是站在说一切有部的立场,也有批判说一切有部的地方。原本是为整理佛教的基本概念而汇编的,后世成为佛教基础学而广受学习。

[2]《四分律》六十卷,佛陀耶舍、竺佛念于5世纪初译出。法藏部的律。在汉译律中最为完备,而成为戒律研究中心。特别以唐·道宣(596—667年)为首的南山律为主流。

的天台宗。天台宗以《法华经》为基，华严宗则立于《华严经》[1]，但是他们都不是直接根据各自所依的经典，而是以在中国独自发展起来的思想为前提。也就是说，天台宗是基于隋·天台智颛的思想，华严宗则是依由唐·法藏（643—712 年）集大成的思想为基础。因此，华严宗的传来在平安期理所当然地较他宗为迟，天台宗则远远迟华严宗很多，这倒是耐人寻味。

在此要附带说明的是，与华严宗同时传到日本的是一即多（一对应全宇宙）的思想。这一种宇宙性的宏伟思想正吻合圣武天皇的理解。此一即多的思想成为东大寺的中心教学；同时，东大寺大佛也是在这种思想的基础上建立的。虽然有人说大佛是依《梵网经》[2]而建的，《梵网经》也是华严经系的经典；当时的华严宗学者中以良弁（689—771 年）最享盛名。但是，天平的繁荣期一过，平安时期的华严教学被新的天台教学及真言教学所吸收，后急速衰弱，直到镰仓时代才再度被复兴。

三论宗

在印度将初期大乘经典的思想体系化，且使其哲学化的是龙树（Nāgārjuna；150—约 250 年）。龙树的中心思想是"空"。所谓的空，否定一切经由言语概念来理解的想法；也就是说，真理是用任何言语概念所无法掌握的。于是，龙树及因龙树而有的中观派，与其说他们立自派之说，毋宁说他们致力于去论破他派学说中的矛盾；而继承这派思想的是三论宗。三论宗以龙树的《中论》、《十二门论》及其弟子提婆的《百论》三部著作为依据，故名为三论。

三论的教学是由隋·吉藏（549—623 年）集大成，但不久后即告衰颓。虽然传到日本诸宗的教学中，三论的教学是最早的，但在不断接收来

---

〔1〕《华严经》全称为《大方广佛华严经》。有六十卷本（东晋·佛驮跋陀罗译）、八十卷本（唐·实叉难陀译）。以《入法界品》的善财童子求道的故事最为人所知。
〔2〕《梵网经》二卷。虽被视为鸠摩罗什译，实际是在中国所作的伪经。前半部是菩萨的修行阶段，后半部是菩萨戒，而卷首则介绍卢舍那佛的莲华台藏世界。

自大陆的新动态下,日本奈良时代的三论宗已经有些跟不上时代了。因此在吸收唐代的新佛教后,尝试着重新编组,这可能就是前面提到的"别三论宗"。

三论宗与法相宗并列,代表南都的教学。三论宗的代表学者智光[1](709—770/781 年),在奈良末期到平安初期之间,不断重复与法相宗论辩。其思想虽然一方面被天台宗所吸收,一方面也维持其特性至最后。

以兴福寺为中心的法相宗

印度在龙树之后,佛教的哲学化更进一步,4—5 世纪时弥勒[2](Maitreya)、无著(Asaṅga)、世亲等,确立了唯识派的思想。此派的思想,特别是世亲系的思想经由玄奘的翻译被介绍到中国,再由弟子基(632—682 年)确立其地位。日本也在 7 世纪半很快速地引进法相教学,但是最初传到日本的法相教学,即使是承继了玄奘的思想,却是在法相教学确立之前的东西[3]。

原本,唯识思想虽然有其独自的分析心的特色,而在日本则侧重在人的能力分有五种类别,即所谓的五性各别说,及菩萨的修行是要几近于永远的岁月,重复着轮回的修行。此二点成为法相宗与他宗论争的焦点。

不仅是日本,即使在当时的中国,法相宗也是一种新趋势的代表。其代表重点寺院——兴福寺是藤原氏的氏寺。由于此原因,奈良时代后期法相宗成为南都教学的最大势力,并有像善珠[4](生殁年未详)那样优秀的学者。法相与三论宗所辩论的论题,到了平安初期成为新兴的天台宗、真言宗的最大批判对象,而逐渐展开大规模的辩论。另外,当时华严

〔1〕 智光:住于元兴寺的三论宗学习。河内人,著作有《般若心经述义》等,以净土信仰者而闻名。请参照 67 页注释〔2〕。

〔2〕 弥勒:法相宗的传承视弥勒菩萨为未来佛,弥勒信仰曾一度十分兴盛。依近代的研究二说,一是认为有同名的真实人物,二是否定其存在,认为是无著想象中的人物。

〔3〕 有关法相宗的历史,请参照富贵原章信《日本唯识思想史》(1944)。

〔4〕 善珠:大和人,师玄昉学法相,以秋筱寺的创建者而闻名。著作有《因明论疏明灯抄》等。

宗、法相宗的教学不仅在后来被认为是正统派,也吸收接受新罗系的教学等异端或旁系的思想;他们都有相当自由的学风。

学问佛教对后世的影响

　　概略地看过南都六宗,各宗各有其特征及独自的发展,同时也以各种不同形态影响着后代。对后世的影响例子,接着将举鉴真[1]来做进一步检讨。

　　历经了五次的失败且失明,但却不灰心,终于来到日本的鉴真的最大目的是,将部派佛教以来的出家戒传到日本。另一方面,前面也提及,他也依《梵网经》为圣武天皇等授大乘菩萨戒。实际上,将原本针对在家人而讲的大乘菩萨戒,应用在出家人身上的是后来的最澄。鉴真不仅详谙戒律,同时也是天台宗的学者,所以他也带了许多天台系的著作到日本。因此,开创日本天台宗的最澄,与鉴真有很大关联。

　　镰仓时代再度重视鉴真传来的戒律,其受重视的趋势越来越高涨,也与南都佛教的复兴相通,可见鉴真的精神经常在关键的重要时刻影响着日本佛教。不仅是鉴真,奈良的学问佛教及其他也都发挥了重要的作用。奈良的寺院及佛像可以说是日本人的心灵故乡,与此相较,奈良的学问佛教的解明是非常慢的,而目前仍有待今后的研究。

---

　　[1]　鉴真:扬州人,其接受来自日本的留学僧荣睿、普照的邀请,历经种种苦难而到达日本传播佛教,是井上靖《天平之甍》小说的原型。传记中同时也顾及思想面的有石田瑞磨的《鉴真》(大藏出版,1974)。

附录一　大乘佛典及其接纳

为什么能有庞大的佛典

佛教与基督教等不一样的一点是,佛教圣典分量非常庞大。如果将基督教的圣经——旧约、新约加起来,虽然也有相当的数量,但充其量也只有一册左右而已。而佛教依目前使用最广最普及的《大正新修大藏经》[1] B5大小的尺寸,厚厚的一本,分三段,密密麻麻地挤满了汉文,其册数达一百之多。虽然这里面包括了中国人及日本人所写的注释书,但若单单抽出"经典"的部分也有二十一册。这样的数量即使是专家,也很难完全读完。那么,为什么有这么多的经典?

据说佛典的编纂作业是在释尊涅槃后马上进行的。十大弟子[2]之一的摩诃迦叶(Mahākāśyapa)看到某位比丘在释尊涅槃后认为终于要得到解放,获得自由了。此一画面令摩诃迦叶联想到佛陀教法即将灭绝的危机感,因而下定决心要如法地将佛法弘传下来。于是,他向佛弟子们呼吁,而有五百位长老聚集在摩揭陀(Magadha)国的首都王舍城

---

〔1〕《大正新修大藏经》:1924—1934年间刊行的活字版大藏经。由高楠顺次郎、渡边海旭监修。有正编五十五卷、续编三十卷、图像部十二卷、昭和法宝总目录三卷,共计百卷。
〔2〕十大弟子:舍利弗、目犍连、摩诃迦叶、须菩提、富楼那、摩诃迦旃延、阿那律、优波离、罗睺罗、阿难等十人。

(Rājagṛha)开会,重新确认佛陀的教法及所制定的戒律。这样的佛典编集会议,称为结集。在佛灭百年后,召开了第二次的结集,而南方的传承则在接下来的百年后召开了第三次的结集。

虽然这样的结集传说无法让人完全信服,不过事情的梗概大致如上所述一般,在上述原委下结集而成的经典,就是所谓的原始经典。佛陀本身所用的语言,是摩揭陀地方的方言——摩揭陀语。初期的佛教似乎没有强迫要求统一语言,而是自由地使用各地的方言。其中,特别是后来被名为巴利的语言被传到斯里兰卡;今日巴利语的原始经典被认为是东南亚的佛教圣典。另外,传到中国的原始经典,是有圣典之义的阿含(āgama)的音译,被命名为阿含经典[1],因是小乘经典而被矮化,直到近代仍未被充分研究。

那么,大乘佛典是如何形成的? 据某传承所记载,佛陀涅槃后的最初结集时,弥勒、文殊等菩萨们另外聚集在铁围山[2]结集大乘经典。这个传承怎么看都是虚构故事,但是近代以前,在认同大乘佛典中都是佛陀所说的前提下,认为唯有佛陀所说的经典才有信仰的价值,这也可以说是佛教的信仰原点。

但后来这个理所当然的常识开始被质疑,也就是所谓的大乘非佛说论。最初提出这个疑问的是江户时代的大阪商人——才子富永仲基(1715—1746 年)[3]。富永氏提倡后代的思想是在前代的思想上加上新东西而发展起来的“加上说”,而大乘佛典并非是释尊本人亲说,是经后人的“加上”而成立的。他的论说因在当时由于太过前卫的关系,并未得到认同,一直到明治年间,这个议题再度成为议论的话题。明治时代甚至演变成提出大乘非佛说论的村上专精(1851—1929 年)[4]被剥夺了僧籍。经过这样的论争过程,终于开始以客观态度研究学问的角度来检讨

---

〔1〕 阿含经典:长阿含经、中阿含经、杂阿含经、增一阿含经合称为四阿含。其所属部派、译者均不一样。与此相对的,巴利语圣典全是上座部(Theravāda)所属。

〔2〕 铁围山:在佛教的世界观中,此山是此世界最外侧的山脉。

〔3〕 出自富永仲基《出定后语》的大乘非佛说。请参照 120 页注释〔3〕。

〔4〕 村上专精:佛教学者。丹波(兵库县)出身,东京帝国大学教授。属真宗大谷派,研究近代的佛教史。著书有《日本佛教史纲》、《佛教统一论》等。

大乘佛典的成立问题。

长达三期的大乘佛典的成立过程

那么,现在该如何看待大乘佛典? 大约在公元元年前后,佛教内部产生了新的宗教改革机会;大乘佛教是在当时兴起的,大乘佛典就在那样的运动中形成。然而有关大乘佛典的成立,不详之处仍然甚多。之所以如此说,是因为几乎没有任何教外的史料,再者大乘佛典虽然多数是用梵文写成,写本的年代大多数是较晚期的。因此在年代的判断上,只好从译出年代之有无的汉译书,及是否引用了在年代上较明确的龙树或世亲等之论书各点,来推测大乘佛典的成书年代。通常将大乘佛典的成书分三期:

初期大乘佛典——至 2 世纪左右,即龙树以前成立的经典。般若经典、净土经典,或《法华经》、《华严经》等,此类成为大乘佛教骨架的经典,一般认为成立于此时期。

中期大乘佛典——成书于 4 至 5 世纪。一般认为成立于集唯识说大成的无著、世亲兄弟(4、5 世纪)之前。《解深密经》[1]等谈唯识说的经典,《胜鬘经》、《涅槃经》[2]之类论如来藏、佛性的经典,也是在这个时候成立。

后期大乘佛典——5 世纪后成书,主要是密教经典。在中国、日本受重视的《大日经》[3]或《金刚顶经》[4]一般认为成书于 7 世纪。

即使只是“大乘佛典”一句话,却是经历了那么长的时间,在不同的条件下成立的。这与原始经典是个整体的体系相比,大乘经典是各自独立的团体,在未必有相互关联的条件下创造出来的。例如,般若经典由信

〔1〕《解深密经》:五卷,玄奘译。异译有《深密解脱经》(菩提流支译),其阐述之阿赖耶识、三性说等是唯识派之所依。

〔2〕《涅槃经》:详名为《大般涅槃经》。有昙无谶译的四十卷本(北本)与同译的重编本三十六卷(南本)。以释迦的涅槃为轴,阐述佛身的永远性与一切众生悉有佛性。为了有别于原始经典中陈述释迦涅槃的《涅槃经》,此经又名《大乘涅槃经》。

〔3〕《大日经》:详名为《大毗卢遮那成佛神变加持经》七卷。善无畏译,阐述胎藏界曼荼罗。善无畏的弟子一行以师说为蓝本,著有释书《大日经疏》二十卷。

〔4〕《金刚顶经》虽说是由十八部经典所集成,但现存《金刚顶经》为其最初部分。汉译本虽有金刚智译本四卷、不空译本三卷、施护译本三十卷等三种,但以前二者最常被使用。阐述金刚界曼荼罗。

奉般若经典的团体所创;《法华经》则由信奉《法华经》的团体所创。他们在某些场合与正统的佛教教团起冲突,甚至受到压迫。在这样的成立过程中,经典本身也从朴素的原形渐渐扩大成规模庞大的内容。以《法华经》为例,《法华经》的经文有古层、新层的不同,同时也编入某些单独流通的经典,而构成《法华经》复杂内容的一部分。与原始经典相较,大乘经典之所以比较难理解,这也是原因之一。后来即使有把相同部类的经典集合成一部经的,但广泛地为各种大乘经典做分类,甚至站在总合的立场上去考量各经典的定位的做法,在印度并不多,而把它当成问题看待,要到中国以后。

佛典的汉译——古译、旧译、新译时代

佛教传到中国的时间,传说是在 67 年,后汉明帝时。据说当时传到中国的经典是《四十二章经》[1],此经在后来被证实为伪经。2 世纪时,安息国的安世高与大月氏国的支娄迦谶已经来到了中国,并开始佛典的翻译。此后一直到宋代(12 至 13 世纪),陆陆续续地译出许多的佛典。

通常将汉译佛典的译出年代分三期:

首先,最早的翻译称为古译,大致上指的是鸠摩罗什(350—409 年左右)以前的翻译。主要的译者除了安世高、支娄迦谶之外,还有支谦(3 世纪)、竺法护(233—310 年)。这个时期的译者以来自西域的人为主,直接从印度来的人较少。因此其使用的语言应该不会是印度的梵语,而是从西北印度到西域之间所用的犍陀罗语。因为西北印度的犍陀罗地方,是初期大乘佛教运动的中心地之一。所以,初期大乘佛教的成果,在成立后不久就从这里穿过西域传到中国。因此,古译经典在研究初期大乘佛教的成立上,是非常重要珍贵的资料。

然而,古译时代的翻译作品极难读懂。因此,古译被后来的旧译及新译所取代,几乎不再有人读了。为什么古译难读懂呢? 因为那时译经还

---

[1]　《四十二章经》:一卷,虽传为迦叶摩腾、竺法兰所共译,实际是 5 世纪左右的作品,因其汇集了道德内容的章句,故为禅宗所重。

是属于试译的阶段。毕竟中国自古以来就具有极高度的文明,当一个完全不同的构思、不同的语言所表达的新思想、新宗教进入了中国,中国人如何来理解这些新东西? 这是一个蛮困难的课题。例如,将"悟"(菩提)译为"道",用中国人所熟悉的概念来替换;而无法用中文翻译的词汇,如"菩萨"这样的音写字,着实费了许多工夫。在种种尝试后,终于逐渐地确立了翻译的原则。

第二期名为旧译。是指开始于鸠摩罗什,止于玄奘以前的时代。这个时代已经走过了古译的试行错误阶段,大抵译经的方针也已经定了下来,优秀的翻译著作也陆续问世。以这个时代译出的经论为基础,奠定了中国佛教的骨架。这个时代最引人瞩目的译经僧是鸠摩罗什与真谛(paramārtha,499—569 年)。

鸠摩罗什(略称罗什)为西域龟兹国人。后秦姚兴迎接他来到中国,在中国从事译经活动。罗什所译的东西在文学上也是相当优秀的作品。《法华经》、《维摩诘经》、《阿弥陀经》、《大般若经》等主要大乘经典,现在依旧以罗什的译本最为普及。又《中论》、《大智度论》等构成佛教基础的论书也是罗什所译,特别是介绍龙树系的"空"的思想,其影响最大。与罗什同时代译出的主要大乘经典如《华严经》(佛驮跋陀罗)、《涅槃经》(昙无谶)等。又戒律及各种论书等也已经译出,可以说基本的文献已经齐全。

真谛是西印度人,他经由海路从南方循上而到梁,到了这个时代终于能与印度直接交流。特别是真谛介绍的唯识及如来藏等新的理论佛教,带给中国佛教很大的影响。《大乘起信论》[1]是否是真谛之译,虽然仍有争议,但该经典的如来藏思想对华严宗、禅宗等中国式的佛教的形成,发挥了极大的功能。

新译指玄奘以后的翻译。特别是《西游记》一书中的唐三藏就是以玄奘为模特儿而创作的,非常有名。他在 629 年从长安出发,克服了种种

---

〔1〕《大乘起信论》:一卷。真谛译之外,另有实叉难陀之译本。从心真如、心生灭两方面来解剖众生的心。以其简洁而有体系地陈述如来藏系的思想,广为中国、日本所援用。

困难,终于抵达印度学习,于645年回到长安,且携回许多经论。回国后,专心致力于翻译自己携回的经论。新知识透过严密的翻译介绍到中国,也使翻译的潮流焕然一新。他的译著有六百卷的《大般若经》[1]等庞大经典,特别是也是玄奘所译的《成唯识论》[2]等介绍了唯识学的新理论,影响至巨。以《成唯识论》的理论为基,法相宗得以成立。玄奘的翻译态度虽然很严密,但也因为太过严密,在文学上的"雅"这一点,反而不及罗什,也因为如此他的译著多数仅止于学问佛教上的运用而已。

　　玄奘之后的新译中,以密教的传译最受注目。所谓的杂密,虽然片断不完整,却早已传入中国,但有系统、有组织化的密教,则由赖善无畏(Śubhakarasiṃha,637—735年)、金刚智(Vajrabodhi,671—741年)两人所传。前者传《大日经》,后者则与弟子不空(Amoghavajra,705—774年)共同传《金刚顶经》。宋代虽然国家的译经体制已经很完整,但并未兴起较大影响的译经活动。昔日的译经热情已经消失,译经活动逐渐迈向终了。

汉译佛典的接纳

　　以上概观了中国的译经历史,佛教在上述经典翻译的过程中,渐渐被中国人所接纳。也正因为如此,中国佛教和译经的演变有相当密切的关系。

　　古译时代是反复琢磨该如何对待外来新宗教的试译时代,尝试以种种方式在原有的中国思想范畴上去理解佛教,也就是所谓的格义佛教[3]。但是,在古译时代的晚期,道安(312—385年)出现,终于开始检讨将佛教硬塞入固有的中国思想的框架内的对与错。

　　到了旧译时代,一举译出很多重要经典,应该如何来理解他们,成为

---

〔1〕《大般若经》:详名为《大般若波罗蜜多经》。由十六会所组成,是集当时存在之种种般若经典之大成。转读《大般若经》的大般若会广行于日本。

〔2〕《成唯识论》:十卷,对世亲的《唯识三十颂》作注释的有所谓的十六论师,本论则以护法之作为中心,编集翻译诸师之作。作为陈述法相宗的根本教理,有窥基的注释书《成唯识论述记》二十卷等。

〔3〕　格义佛教:魏晋时代流行老庄思想,贵族社会兴行清谈。也可以看到很多从老庄思想的立场来解释佛教,特别是以老庄的"无"来解释大乘佛教的"空"的方法成为一般化。

此一时代的大课题,因此产生了中国佛教中特有的经典理解方式——教相判释(教判)。也就是说,虽然认定大量的佛典都是佛陀所亲说,但在量的方面实在过于庞大,而且相互矛盾的情形也不少。为了解决这个问题,现代的佛教学把其产生矛盾的原因归因于经典的成立时代不同,教相判释则认为是释尊一生中说法的时期或说法态度上有所不同所致,并进一步为各经典的价值意义定位。最有名的教判有天台智顗(538—597年)的"五时八教"教判。此教判首先将释尊说法的时期分五个阶段(即华严时、阿含时、方等时、般若时、法华涅槃时),接着根据教义的内容分为四项(化法四教:藏、通、别、圆),又根据说法的方法分为四项(化仪四教:顿、渐、秘密、不定)。

到了新译时代,法相宗等以来自印度的佛教理论为武器,批判旧有的诸宗。但是并没有成为定局,因为被新译所介绍的新知识与旧译时代的教学相结合的华严宗所取代。但是,最后随着主张"不立文字"的禅学的兴隆,逐渐不重视经典,教学也逐渐衰退。

以上概观了在中国佛教经典的受容,然而汉译佛典的重要性,不是只局限在中国,在朝鲜、日本等东亚全境都使用汉译佛典,因此这是非常重要的。也就是,因为这些国家以汉语(古代中国语)为共通的文章语,因此可省略将汉文的佛典再译为自己国家语言的步骤。因此,汉文佛教圈可以说是东亚佛教的一个特征。特别是日本发明了"训读"这一种独特的汉文解读法,所以即使未重新翻译,几乎可以说是等同半翻译了。

直接使用汉文是极方便的。单看佛典汉译的过程,也能知道花费在翻译上的劳力是多么地庞大,在接纳佛典并使其落实下来的过程中,经历了许多的试译错误。而日本却完全省略了这些过程,且完整地接收了完成品。集佛典大成的大藏经传到日本是在奈良时代[1],同时也带进了当时大陆最新的教学,因此对经典的解释也无须重新摸索。所以说日本的佛教是以中国的佛教人士对汉译佛典的理解、解释为基础而发展起来

〔1〕 依《开元释经录》所载,一切经是在天平七年(735年)由玄昉带到日本的。

的。因此，日本佛教的课题在究竟如何接纳佛教，以及如何使自己能理解、认同佛教。

省略了试译错误的过程，果真对日本佛教是好的吗？译经，乍看之下好像是累积了很多无意义的辛劳，但不正是要经过这样的过程才能真正成为自己的东西吗？这个问题不仅是在佛教，似乎可以完全套用在全体日本文化上。

《法华经》的立场——其成立与方便思想

大乘佛典是怎样形成的？陈述的又是什么样的思想？又是如何地在中国、日本被接纳运用的？这里以《法华经》为例来看。像《法华经》那样在日本广受读诵、信仰的经典是找不到的[1]。

通常讲《法华经》，指的是鸠摩罗什的译本——《妙法莲华经》。罗什的译本流传最广、最普及，同时也受到广泛的信仰。此外，在罗什翻译之前，已经有竺法护译的《正法华经》，之后有以罗什译本为底本而增补订正的阇那崛多等译的《添品妙法莲华经》。梵语本的经题名称是Saddharma-puṇḍarika；Saddharma，是正确教义之意，puṇḍarika 是白莲花，也就是将佛陀的正确教义譬喻为白色莲花。本经由二十七品（或二十八品）所组成，在大部头的经典中，可以说并非太大。

关于本经的成立，即使在最近仍有多种议论。一般标准的说法是分三个阶段，即以《方便品》为中心的部分是第一部分；从《法师品》至《嘱累品》为第二部分（包含《如来寿量品》等）；《嘱累品》以后的六品为第三部分。

第一部分的中心是《方便品》。为了理解《方便品》的思想，首先需了解的是以《方便品》为中心的《法华经》雏形的成书时代背景。《法华经》雏形成立之前，原始经典已经成立，且以部派权威来传布。同时，大乘佛教的运动也已经有某种程度的进展。大乘佛教站在广度众生的立场上，严厉批评护持原始经典的部派教团，是只考虑自己利益的声闻（佛弟子）

---

[1]　以下有关《法华经》的陈述，主要根据田村芳朗氏的《法华经》（中公新书，1969 年）。

或缘觉(自己能开悟)的小乘佛教。如此一来,原本是一体的佛教一分为二。面对这样的佛教态势,站在大乘佛教的立场上,又想恢复佛教的统一性、整体性,正是创作《法华经》,护持《法华经》团体的目标。

为此"方便"说的思想,被引入《法华经》。方便是 upāya-kauśalya 的译语,意思是善巧的手段。也就是说,为二乘(声闻、缘觉)而说的小乘教义,为菩萨而说的大乘教义,两者都是佛陀为顺应听众的理解能力而说的一种善巧的教化手段,而非究极的真理。乍见之下,两者似乎是朝不同目标发展的,但两者的最终目的都是——一切众生皆能成佛。这样的究极真理,在佛说《法华经》时,才首次被彰显出来,且佛陀出世的目的也是要告诉众生这个真理。像这样,高举统一真理的理想主义,正是《法华经》吸引人的地方。

《方便品》之后的数品,用不同的譬喻来说明这个真理。最有名的是《譬喻品》中所说的火宅喻,或说三车喻。譬喻的故事是这么说的,有某长者(资产家)住的古老房子失火了。长者的三个孩子正在屋内玩耍,一点都没有想逃生的迹象。因此,长者顿生一计,告诉孩子们,将分别给他们羊车、鹿车、牛车,所以赶紧到外面来。孩子们听后非常高兴地跑到外面,而在远离了危险之后,长者给每个孩子大白牛车。譬喻中长者是佛,三个孩子分别是声闻、缘觉、菩萨根性的众生,虽然分别授予不同的教义,而其最终则在逃离像火宅般的世界后,给予唯一的真理。

第二部分则是陈述佛陀的永远性与信仰《法华经》的菩萨的实践(菩萨行)。特别是《如来寿量品》阐述一直被深信出生于印度,且在菩提树下开悟的佛陀,其实并非真实的佛陀。真实的佛陀早在久远以前已经成佛(久远成佛),且持续不断地在说法。第一部分是针对教理,确定其真理的绝对性;第二部分则针对佛的存在,确立其永远的绝对性。

同时在第二部分阐述护持《法华经》行者的菩萨行。护持《法华经》的团体面对外来的迫害时,他们团结一致从事实践活动。第二部分描述种种信仰者的形象,例如《法师品》中说,即使只是复述了《法华经》的一句话,就是如来的使者。《安乐行品》则主张应安住于身、口、意、誓愿的四种安乐行中说此经。另外,《常不轻菩萨品》也是有名的,叙述常不轻菩萨即使被人极度轻蔑,也仍旧说"我深敬汝等",并礼拜之;又描述恶人提婆达多、龙女成佛的《提婆达多品》,也在后来颇受重视。

最后第三部分未必是一个统一的附加部分。这一部分也包括了有名的《观世音菩萨普门品》。一般认为此品原本是单独流通的,也是观音信仰的依据。另外,《药王菩萨本事品》也很重要。药王菩萨曾经燃身或燃两腕以供养佛,后来以此为根据,舍身供养之举逐渐盛行。

在中国成长的《法华经》思想

在中国,早在六朝时代观音信仰就已经非常广泛,甚至观音灵验记之类的著作也已经问世。特别在六朝末期的教判思想发展中,《法华经》拥有非常重要的位置。如上所述,《法华经》是有意终结小乘、大乘在教理上的矛盾,若从教判上来看,《法华经》在小乘、大乘的次第中被置于终极的、最高的位置。

在各种教判中,对后代影响最大的是天台智颛的教判。关于这方面,前面已经提及,这里就不再重述。而五时判中,智颛认为佛陀最后说的经是《法华经》、《涅槃经》,可见他是如何地重视《法华经》。为了解释《法华经》,智颛撰写了像《法华玄义》、《法华文句》那样的巨著(正确地应该说是讲义录)。此二书加上介绍实践论的《摩诃止观》,合称为天台三大部[1]。智颛将《法华经》分为前半部与后半部,与前述成立期的三分相比较,第一部的一部分与第二部的一部分为前半,第二部剩下的部分与第三部为后半。另外又以前半为迹门,后半为本门。迹门、本门之区别,乃依"佛身"来分别。本来的、永远的"本佛"所说的后半部的经典是本门,而与本门相对的前半部是由本佛所示现垂迹的佛所说的,所以称为迹门。

若用一句话来形容智颛的《法华经》观,则是"说诸法实相"之经典。

---

〔1〕 天台三大部,各有二十卷,为智颛的讲课内容,由弟子灌顶所笔记之。《法华玄义》以论述《法华经》的经题为内容,《法华文句》则是解释《法华经》的经文。《摩诃止观》是陈述止观的实践方法。通常与天台六祖荆溪湛然的注释书一起读。

所谓的诸法实相,指的是一切存在的真实面貌。智顗以三谛圆融来说明,而所谓的三谛是对一切的存在从空、假、中三方面的角度来看。"空",指一切的存在是平等一体的;"假",指一切的存在分别具有各自的个别性;而"中",指超越两者的绝对。空、假都只是单方面的,一切的存在庄严而完整地具有此三面,就是三谛圆融,而《法华经》正是叙述这种真实的经典。经过智顗的解释,《法华经》得到的新评价是:一部具有高度哲学内涵的书。

智顗以外,三论宗的吉藏、稍晚的法相宗窥基等也重视《法华经》,并均撰有《法华经》的注释书,特别引起争议的是窥基的解释。智顗等主张三乘(声闻、缘觉、菩萨)是方便,一乘(佛乘)是真实之说;而站在五乘各别立场的窥基则批评智顗的主张,主张任何人都能成佛的一乘之说才是方便,三乘是真实。像这样三乘、一乘的论争也被带入日本,且关于两者的辩争一直持续着。

在日本的《法华经》解释与信仰

在日本又如何看《法华经》?首先可举圣德太子的三经义疏之一《法华义疏》为例,虽然如前所述,目前的学术研究对三经义疏的成立仍有很多的质疑。而《法华经》之所以能被各方所重视,主要还是得归功于最澄所确立的天台宗。最澄承继了中国天台宗重视《法华经》的传统,高举《法华经》信仰的立场。他与德一的论辩也是站在一乘主义的立场,且其晚年的著作《法华秀句》[1]提出十个项目来赞颂《法华经》的优点。

最澄以后,《法华经》信仰落实于比睿山,且影响至巨。所谓的"朝经题暮佛号"是念佛与法华忏法[2]并行,另外,也有敷演《法华经》的法华八讲[3]等。应和宗论(963年)的大会上有如下的传说:良源等天台宗

---

〔1〕《法华秀句》:三卷,弘仁十二年(821年),点缀与德一论争的最后记录,是最澄最晚年的书。卷上、卷下均是赞叹《法华经》的优点,卷中则叙述印度、中国的佛性论争。

〔2〕 法华忏法:智顗以《法华经》《观普贤经》为底本而撰写的《法华三昧忏仪》,确立了忏悔法。读诵《法华经》忏悔罪障。在比睿山则于早课时举行。

〔3〕 法华八讲:将《法华经》分八卷,朝夕各一座分别讲一卷,共一连四天的讲说法会。一般常用追荐亡者。

的宗徒与南都法相宗的宗徒竞释《法华经》,在解释《方便品》的"无一不成佛"经文时,主张一乘主义的天台宗释为"没有一个人不成佛";相对的,法相宗的仲算则解释为"无佛性的众生,无法成佛"。又广为人知的《法华验记》[1](镇源撰)描述各种法华信仰者,《法华经》的修行者多数住在山中,过着严峻的修行生活,且有多种不可思议的灵验。这类法华修行者被称为持经者。

承继法华持经者的各种法华信仰及其思想,而迈向新里程的是日莲(1222—1282 年)。今千叶县安房小凑出身的渔夫之子日莲,最先学于天台宗,后因强烈信仰《法华经》,终于在提倡称念"南无妙法莲华经"的经名上,寻找出《法华经》的新生命。针对中国的天台对《法华经》的"迹门"、"本门"采并重的态度,日莲则给"本门"较高的评价,且终其一生在实践永远的释迦佛的救济行及严峻的菩萨行,并忍受来自各方持续不断地弹压。充满强烈能量的日莲的《法华经》信仰,为《法华经》吹入新的生命,并留下很大的影响。

经典与日本的佛教

以上,以《法华经》为例,概观了经典的成立及其发展,同时也略述了经典在日本被接纳的问题。当然日本人重视的经典,并不只是《法华经》,举其要者,还有净土教重视的净土三经《无量寿经》[2]、《观无量寿经》[3]、《阿弥陀经》[4],密教重视的《大日经》、《金刚顶经》、《理趣经》[5]等,南都所重

---

[1]《法华验记》:详名为《大日本国法华经验记》,历经长时间(1040—1044 年)方告编辑成立,是收录《法华经》的灵验谈的书。与往生类并列,对后世的说话文学影响至巨。

[2]《无量寿经》:二卷,魏·康僧铠译,但仍有疑问。又称《大无量寿经》或《大经》,陈述阿弥陀佛的本愿及其成就的极乐世界,有四种译本。

[3]《观无量寿经》:一卷。疆良耶舍译,至于其成立问题则有种种争议。略称为《观经》,是释迦告诉韦提希夫人的一部观想净土的方法的经典。

[4]《阿弥陀经》:一卷。鸠摩罗什译,又称《小经》,陈述极乐世界的面貌。

[5]《理趣经》:详名为《大乐金刚不空真实三摩耶经般若波罗蜜多理趣品》一卷,不空译,是一部大胆肯定人间爱欲的密教典籍。

视的《华严经》及阐明护国佛教的《金光明经》[1]。任取这些经中的任何一部，从经典成立于印度(或说西域)，经过在中国、朝鲜的容受过程，再传到日本则展现了新的气象。

接着，让我们来看看净土经典的例子。在大乘经典中，即便是《无量寿经》也是早期就存在的。《无量寿经》出现后，佛教内产生了原本非常薄弱的依他力(阿弥陀佛)救济的新信仰形态。《观无量寿经》则引进了"净土"的观想方法，使净土教与佛教的主流三昧修行相结合。后者的形态，在中国的净土教中成为主流；这样的方向在日本的平安时代也是居中心位置的。镰仓时代的法然接触了净土教后，再度大大地鼓吹宣扬他人救济。到了亲鸾时，站在这样的前提下，开拓出独自的信仰世界。有关净土教的详细情形留待第三章再详论。

像这样，日本的佛教经常以以前的开展为前提。特别是如前所述，日本并没有经过佛典翻译的过程，因为可以直接援用汉译佛典，会越发使其依存于这样的前提。因此，将日本的佛教闭锁在日本这个框架内，是极片面、无奈且不充分的。相反的，如果从佛教在印度发迹，在弘传的过程中，边转变边传到亚洲的极东日本的角度来看，不也可以从开放自由的视点，来重新审视日本的佛教吗？

---

[1]《金光明经》：现存三种译本。昙无谶译的《金光明经》四卷、宝贵等译的《合部金光明经》七卷、义净译的《金光明最胜王经》十卷。亚洲全域视其为护国经典而应用之，在日本则于宫中的御斋会等时使用。

第二章　密教与圆教

理解平安佛教的视角

落后的平安佛教之研究

　　如果让对佛教稍有关心的人，列举代表日本的佛教人物，有哪些人的名字会被提出？虽然不是正式的调查，不能精确地说，但恐怕亲鸾、道元、日莲等名字被举的次数会最多吧！而实际上如果到书店的佛教书专柜一看，首先映入眼帘的也是关于这些祖师们的书。佛教书中的长期畅销书，不用说定是《叹异抄》。最近艰涩难懂的道元的《正法眼藏》的解说书有多种问世，即使在文化的领域中也大受欢迎。与此相较，最近因风行密教，空海的受欢迎度也日渐增加，另外，开宗一千二百年，终于看到与最澄相关的书籍问世了，但都还谈不上随手可及的程度。

　　镰仓新佛教很早就得到一般人的关心及佛教研究者的青睐，且其研究也达到某一相当的水准，相对地，平安佛教的研究却相当迟缓。著名的空海、最澄尚且无法掌握其全貌，遑论其他的研究，几乎是连八字都还没一撇。在此顺道提一下，即使是镰仓佛教的研究，受重视的只有所谓的新佛教，旧佛教教团也是在最近才有受注意的趋势。关于这一点将在第四章"镰仓佛教的诸面相"中介绍讨论。

平安佛教是贵族的祈祷佛教吗?

为什么只有镰仓佛教受到欢迎,而平安佛教却被弃置不顾呢?镰仓佛教受到重视的理由,将在第四章讨论,但约可从两个方向来思考。

第一,实践面上,易行化。也就是说,建立了任何人都可能而且很容易实践的方法。据此佛教才开始变成民众的佛教,相反的平安佛教的修行则与一般庶民无缘。总之平安佛教可以说是贵族的佛教、镇护国家的佛教。

第二,理论面上,宗教哲学化。亲鸾、道元的思想在宗教哲学方面,即使在今日仍被视为第一线问题般地具有高超内容,同时也可以看到他们是适应了日本社会的日本化佛教。相对地,平安佛教终究只是祈祷的佛教,在思想内容上被认为是贫乏的。

然而,果真是这样吗?事实上,实践面上易行化的源流在最澄的大乘戒思想中已经可以看出。且镰仓新佛教的祖师们也多尊敬最澄,以最澄为典范。在理论面上,空海的"十住心"的体系,实在可以媲美黑格尔,具有庞大的思想体系。另外,最澄所确立的一乘主义或佛性论正是孕育镰仓新佛教——日本化的佛教——的源流;因此已经到了不得不重新评估一向以镰仓新佛教为中心的佛教史观的时候了。斗胆地说,在平安初期已经确立了日本佛教的基础,镰仓佛教——包括新佛教的祖师及原有旧教团的改革派,不正可以视为是平安佛教的应用者,并发扬了平安佛教吗?以下想试着以最澄与空海为中心,探讨平安初期的佛教思想的主要问题。

最 澄 与 空 海

二人的相逢

延历二十三年(804 年)七月六日,第十六次遣唐使藤原葛野麻吕一行分乘四艘船,从肥前国田蒲(现在的长崎)启程。谁也不会想到,在往后担负着日本佛教界的双雄——最澄与空海分乘不同的船,也在此一行人中,且以唐为目的地。搭乘第二艘船的最澄,当时三十八岁,已经以站在天台的立场上与南都佛教的权威者辩争的新佛教人身份而备受注目。最澄此次渡唐是为了兴隆天台教学,而在桓武天皇的命令下,以"还学生"[1]的身份滞唐学习一年。事实上,在前一年他也曾经从难波起航,但因遇暴风雨而滞留九州。另外搭乘第一船的空海,当时是三十一岁,他的经历几乎是完全不详,据说他原本是计划留唐二十年的"留学生",但其详细原委也是不明。

遣唐使一行人,在途中再次遭遇暴风雨,平安无事地抵达明州的只有第二船,而第一船则漂流到中国大陆南方的福州,第三船重返九州,至于第四船则下落不明,最为凄惨。话虽如此,最澄与空海所搭的船都抵达了唐,难道这是冥冥中上天的安排吗?

在这样偶然际遇下相会的双雄,在看他们往后的交往与戏剧性的分离之前,先来回顾当时的时代状况与两雄的前半生[2]。

天皇的近侍最澄与无名天才空海

在道镜等引发了政治混乱的称德女帝之后,光仁、桓武朝的使命是洗濯人心,改革政治。特别是取缔佛教界的腐败,改革年分度者的制度[3],同时培育、录用积累学业与修行的出家人等。在这一连串的改革中,崭露头角的是最澄。

最澄(767—822年)出生于近江国滋贺郡(现在的滋贺县),父亲三津首百枝据说是来自大陆的外籍人士(有关其生平、世系之名,有异说)。在宝龟十一年(780年)师事近江国分寺大国师行表,并依止他出

---

〔1〕 还学生、留学生:与遣唐使一起渡唐,学习学问及佛教的人中,有短期及长期之分。前者是还学生,后者是留学生;后者通常是较年轻的学僧。
〔2〕 最澄的传记,目前以田村晃祐的《最澄》(吉川弘文馆,1988)为著。空海的传记以渡边照宏、宫坂宥胜的《沙门空海》(筑摩书房,1967)为标准之作。
〔3〕 年分度者:一年里面各宗所被允许出家(得度)的名额,称为年分度者。桓武天皇的延历二十三年(804年)与二十五年有新制规定,在后者,天台宗也获准每年有二名年分度者。

家得度[1]。延历四年(785年),十九岁的最澄在东大寺受戒,然而在那一年,他突然决定遁居比睿山。在他当时撰写的"愿文"中,披露其强烈的无常观,并评述自己是"愚中之极愚"者,因此他誓言不达六根清净[2]之境地绝不下山。其后,一直到延历十六年(797年)被任命为"内供奉"[3],担任天皇近侍的十二年,然这十二年间的行迹并不清楚。一般认为他是在山中专心致力于修行与学问研究。当他被任命为内供奉后,开始所谓的"法华十讲"[4](即讲说《法华经》),同时也和南都的诸师一样,除《法华经》外,加说天台智顗的著作等。在开始他辉煌的说法活动的过程中,他更加深了入唐学天台的决心。

另外,空海(774—835年)出生于赞岐国多度郡(现今的香川县善通寺市;其出生年异说纷纭),父亲佐伯直田公、母亲阿刀氏。据空海二十四岁时的处女作《三教指归》[5]的序文所述,空海在十五岁时开始跟随舅舅做学问,十八岁时进入首都的大学,一个偶然的机会,遇到一位沙门并教他"虚空藏求闻持法"[6],因而转入佛教,进入四国的大泷岳、室户崎等地全心全意地修行。与最澄不同的是,空海至少在最开始的阶段,并未经过正式的出家、受戒等仪式,而是以私度僧的身份进入异端的山林修行。又从《三教指归》一书中,可以看出其具天分的语言及文学的能力。默默无名的空海成为遣唐使的一员,应该也是拜他具特殊才能所赐。事实上,当他们的船漂流到福州时,他随即代替大使写了陈情书给当时的政

---

〔1〕 得度、受戒:出家而入僧籍名之为得度。正式的得度,必须通过考试,再由国家授予度缘(证明书)。得度之后,若年满二十岁,须在国家所认可的戒坛受戒,才算是一位正式的出家人。

〔2〕 六根清净:受持《法华经》,使眼、耳、鼻、舌、身、意的六个感觉器官变清净。天台的圆教,则以此为凡夫的最高阶段。

〔3〕 内供奉:内供奉十禅师,在宫中担任斋会的读经等职。源于唐,在日本则为宝龟三年(772年),选出守戒、看病等优秀僧十名做为禅师,担任内供奉之职。

〔4〕 法华十讲:在法华八讲上,加上《法华经》的开经——《无量义经》及结经——《观普贤经》成为十讲。

〔5〕《三教指归》三卷。以三个人对讲的形式,讨论儒教、道教、佛教三者的优劣,而以佛教为最优秀。收录于《日本古典文学大系》,现存空海真笔本《聋瞽指归》是本书的别本。

〔6〕 虚空藏求闻持法:以虚空藏菩萨为本尊而实践的行法,据说有增进记忆力的能力。唐·善无畏译《虚空藏菩萨能满诸愿最胜心陀罗尼求闻持法》一卷,为当时的山林修行者所喜好而依之修持,传说空海勤持此法。

府机关。

隐藏着企图与挫败的交友及断交

入唐后的最澄与空海变成怎样？最澄最主要是以天台山为中心接受教义的传授及收集佛典，于一年后回国。归国后的翌年，延历二十五年（806年），和其他宗派一样，天台宗终于可以每年拥有正式出家的"年分度者"。事实上，信徒们向归国后的最澄请求的是密教的咒法能力，但他能掌握的密教知识显然不足，于是他不得不向比自己年轻的竞争对手空海低头请教（809年）。空海则在进入长安后，深得当时密教的中心人物——青龙寺的惠果所重视，继承了最新的密教，并在惠果圆寂，丧葬仪式圆满后，于大同元年（806年）归国。

最澄与空海两人持续数年的交往情形，可以从他们的往来书简中得知。书简的内容大部分是最澄向空海借密教经典的委托函。弘仁三年（812年），最澄在高雄山神护寺接受空海的两部灌顶[1]。身为新佛教的掌舵手，并拥有相当地位与名声的最澄，已经意识到自己拥有的知识于时代是落后的，并感到不安与焦虑，而较年轻的空海拥有足以傲人的最新知识且满怀雄心大志。两人隐藏着各自的意图进行着交流。

最澄的最大护持者桓武天皇于806年驾崩，其后继位的平城天皇，及平城天皇后的嵯峨天皇逐渐与空海有密切关系。最澄、空海所处境遇的对比性太强，也是其交往无法持久的原因之一。一般认为最澄的弟子泰范投向空海是两人交恶的远因，而空海拒借《理趣释经》[2]给最澄的弘仁七年（816年）是两人结束多年来往的近因。同时在这一年，空海获赐得到高野山，终于开始规划他的修行道场。

断交后的最澄、空海所走的路线是成对比的。最澄尽其晚年的精力，

---

〔1〕　两部灌顶：两部是指胎藏界与金刚界，灌顶是师父将水灌在弟子头上，代表传法，是密教中的重要仪式。在印度，原本是国王即位或立太子时所举行的仪式。空海为最澄举行的是所谓的结缘灌顶，是最初步的仪式。

〔2〕　《理趣释经》：《理趣经》的注释书。全名为《大乐金刚不空真实三昧耶经般若波罗蜜多理趣释》（不空译）。

专心一意于两个激烈的论争上,一是谋求设立大乘戒坛的运动与论争,另一项是与会津的德一在教理上的论争;关于这两项论争将在次节讨论。然而最澄几乎可说是在满身疮痍的情况下圆寂的。在圆寂后的第七天,朝廷终于允许在比睿山设立新的大乘戒坛的请求。相对地,空海则平顺地经营着高野山,同时在东大寺建立灌顶道场等。空海也与南都的教界维持着友好关系,甚至在隔年(823年)受赐东寺(教王护国寺),令真言宗之僧常住该寺。又于天长四年(827年)因修祈雨法而受封大僧都,在晚年的承和元年(834年)于皇宫内设真言院,在空海圆寂的翌年,真言宗获允分配年分度者。如此一般,在人生已过半的时候相交,尔后步上断交命运的两人,在个性上也是成对比的。为坚持纯粹而不惜论争不休的最澄,和立于包容立场甚至不辞妥协的空海,因其相异的个性,分别发展出两个不同形态的佛教思想。关于这一点可见下节。

最 澄 的 思 想

圆、戒、禅、密的总合

最澄传承的天台教学

最澄首创的日本天台宗综合圆、戒、禅、密四项。"圆"是圆教,即圆满完全的教义,指天台的教理。"戒"是戒律,指独自的大乘戒。"禅"是禅的行法,"密"是密教。日后圆仁从中国携回净土念佛的法门,因此在比睿山各种行法并行而成为一大佛教中心;镰仓新佛教的祖师们都是出身于比睿山,也不是没有理由的。

另外,最澄为了表示其所传诸教的正确性,著有《内证佛法相承血脉谱》[1]一卷(819年),据此书所载,最澄分别从下记诸师受法。

---

〔1〕《内证佛法相承血脉谱》:叙述禅、天台法华宗、菩萨戒、密教各自的传承,从初祖到最澄的祖师系谱,并集录诸祖师的传记。据最近的研究,得知最澄所作唯有系谱部分,传记部分的成立较迟。

天台——道邃、行满

戒——道邃

禅——行表、脩然

密教——顺晓、大素、江秘、灵光、惟象

接下来对这些传承略作说明。首先看天台的教学，不用说天台的教学是隋·智颇所确立，包含以《法华经》为中心的理论和止观[1]的实践。天台在智颇之后衰颓不振，直至中唐六祖荆溪湛然(711—782 年)[2]出，复兴天台。湛然因受到华严等的影响，所以出现了与智颇不同的风貌。而道邃、行满均是湛然的弟子，二人的行迹不详；湛然之后再次出现停滞的现象。不管怎么说，最澄所传持的天台教学和智颇时代所谓原始天台有相当的不同，而且已经不是当时最新流行的教学了。

关于戒，虽然说是源自道邃，实际上最澄所主张的大乘戒，应该是他所独创的。关于这点后面有详述。

最澄的禅与密

接着说明禅。众所周知，禅是在梁代来到中国的菩提达摩所传。其后，五祖弘忍的门下分两派，一是神秀系的北宗，一是慧能系的南宗[3]。最初是北宗占优势，最后南宗成为主流，北宗渐告衰退。而最澄所传承的是北宗，即神秀——普寂——道璿——行表——最澄之系谱。行表是最澄出家得度的师父，这是入唐前所承嗣的法。脩然是天台山的僧侣，他同

---

　　[1]　止观：使心的动摇停止，令其安住在本来寂静的状态，是为"止"。因止而安定的心，化为智慧的活动，名之为"观"。依阶段循序而修，为渐次止观。修临机应变的为不定止观。不依阶段，一举而修一切的是圆顿止观。论述圆顿止观的有智颇的《摩诃止观》二十卷。
　　[2]　湛然：天台的中兴之祖。出生于常州晋陵的荆溪(江苏省宜兴县)，一般尊称他为荆溪尊者或妙乐大师。出身儒家，对天台三大部有详细的注释书，即《法华玄义释签》、《法华文句记》、《摩诃止观辅行传弘决》。
　　[3]　北宗、南宗：神秀等以北方的长安、洛阳为中心布教，并出入宫廷，拥有很大的势力。而来自南方的慧能的弟子神会称自己的立场为南宗，神秀等的立场为北宗，且严厉批评北宗。所谓南顿北渐，指南宗是顿悟，北宗是渐悟的立场。

时也承继另一派——牛头宗[1]。

至于密教,虽然举了顺晓等人之名,然大素以下诸师只授给最澄部分行法,所以一般认为体系性的东西则受自顺晓。虽然《血脉谱》记载最澄传承了两部曼荼罗,但从最澄又重新接受空海的灌顶看来,受自顺晓的法有可能是不完全的。况且,他造访顺晓时,已经是离开天台山,等待回国的仓促不定的时候了。

密教的知识、传承等的不完全,成为最澄最大的弱点,也使他不得不师事空海,甚至弟子圆仁以后的天台诸师们都致力于密教的学习。从最澄自身来看,他认为密教只是附带的小菜而已,最终还是要回到天台的圆教。但当他归国后,日本人渴求的是密教性的咒术能力,其落差之大,对最澄而言可说是不幸之事。

与德一的论争

旧佛教的最大论客——德一

如前述,晚年的最澄致全力于两项论争。其一是与法相宗的德一在教理上的辩论,最主要的主题是三乘一乘论(三一论争)、佛性论等。德一虽是藤原仲麻吕(惠美押胜)之子,但有关其生平事迹几乎完全不详。从他具显赫的出身及博学多闻,却住在远离首都的会津这一点来看,可以推测其间一定有隐情。德一不仅与最澄对峙辩论,也著《真言宗未决文》[2]批评空海,可说是当时旧佛教中的最大论客。

最澄与德一的论辩,从弘仁七年(816年)左右开始,持续到最澄往生的前一年(弘仁十二年,821年),其间各自撰有数部著作,展开激烈的论争。最澄的著作多数流传了下来,可惜的是德一的著作全数逸失。最主

---

〔1〕 牛头宗:虽然始于达摩系的禅的四祖道信的弟子——牛头法融,然其确实成立是非常晚的。因所主张的是比南宗更彻底的无心立场的思想而备受瞩目,在中唐确实保有相当的实力。

〔2〕《真言宗未决文》一卷。提出十个问题来质询真言宗,其第三问批评即身成佛,最为有名。

要的是《守护国界章》[1](818 年)、《法华秀句》(821 年)等。有关两人往来辩论的情形,虽然只能仰赖单方面的资料,但也大抵能窥其论争过程。

那么,他们到底辩些什么样的议题? 可以说遍及整个天台教学,特别是有关《法华经》的解读。然而,想厘清那些论争点,应该要回溯到印度、中国是如何理解的问题上来。

任何人都能开悟——一乘主义的观点

印度的大乘佛教,毕竟是批评日渐固定化的部派佛教[2]而形成。旧有的佛教认为只有出家修行的人,才能达到觉悟的境界。相反的,大乘佛教则主张任何人都有可能开悟,而且不应该只追求仅有自己独善其身的开悟,唯有救济一切众生的利他精神才是根本。修行大乘行的人就是菩萨。他们自称自己是大乘(大的交通工具),而称旧有的佛教是小乘(小的交通工具)。相对“菩萨”的称呼而言,带蔑视意味地称小乘的修行者为声闻(听闻佛教而开悟者)、缘觉(不依佛之教示而自行开悟者)。

《法华经》则站在大乘的立场,同时也忧虑大、小乘两者的对立,认为大乘若局限在排除小乘的想法上,那就不是真正的大乘,所以提出扬弃两者对立的想法。即,三乘(声闻乘、缘觉乘、菩萨乘)是佛依众生的能力,而假说之教(方便、权教),其究竟之真理只有一个(一乘),之所以分说三乘的目的是要归向唯一的真理(三乘方便、一乘真实、三权一实)。

有无法开悟的人——法相宗的观点

中国的天台大抵依循上述方向,重视《法华经》的综合性、究极性。但唐·玄奘弘传的印度唯识思想,其弟子基(窥基)确立了法相宗,提倡

---

〔1〕《守护国界章》九卷。针对德一的《中边义镜》,一一给予批判。其内容包括了从天台的教判论到天台教学的种种微细问题,特别是最后的三卷处理了佛性的问题。
〔2〕 部派佛教:释尊灭后百年左右,其教团分为二派,其后更分为相对立的数派。其过程出现了忘记现实,偏向为了理论而理论的态度,因此从大乘的立场批评其为小乘。

的是与天台不一样的异说。也就是说,法相宗是站在批判任何人都具有能开悟、能成佛的素质的立场(悉有佛性),而主张众生先天上就有下列五种不同(五性各别)。

声闻定性——注定成为声闻的人。

缘觉定性——注定成为缘觉的人。

菩萨定性——注定成为菩萨的人。

不定性——不确定将成为前述任一种性的人。

无种性——注定不会成为前述三者中的任何一种性的人。

从五性各别的角度来看,三乘方便、一乘真实是错误的。一乘才是为鼓励不定种性的人的方便,有三乘的区别才是真实(一乘方便、三乘真实)。乍看之下,法相宗的立场是非常无情的,至少若以修行求开悟是佛教的原则来看,那么现实中就会有能开悟的人和不能开悟的人,同时能开悟的情形,当然也会有很多种类。而天台所主张的真理只有一个,这是宗教上的理想,也就是理想主义、平等主义。与此相对的,法相宗的主张则是现实主义、多样主义。

最澄与德一的论争,是在这样的原则上针锋相对,所以很难说谁胜谁负。这样的论争持续到平安中期,但从整体的演变来看,一乘主义成为日本佛教的主流,镰仓新佛教的祖师们也是以一乘主义为前提,来发展其理论与实践。在这层意义上,最澄所负的使命不得不说是极大的。

大 乘 戒 论 争

追求大乘独自的戒坛

晚年的最澄注入心血追求的第二项论争与大乘戒有关。众所周知,鉴真来日后终于确立了日本的戒律制度。出家人必须在天下的三大戒坛(东大寺、下野药师寺、筑紫观音寺)中的任何一处受戒;此时所受的戒是"四分律",这是以部派佛教之一的法藏部的律为基础的戒律。因此,最澄主张,既然是大乘佛教,就应该遵照大乘独自的戒律。所以,他希望在比睿山设授大乘戒的戒坛。此处所说的大乘戒,具体上指的是《梵网经》所说的戒(梵网戒)。

在大乘戒论争的具体过程中,最澄分别于弘仁九年(818 年)五月、九月,及翌年的三月相继向朝廷提出《天台法华宗年分学生式(六条式)》、八条式、四条式之奏愿文(以上三者合称《山家学生式》)。针对最澄的奏请,当时的嵯峨天皇向以法相宗护命为首的南都僧纲[1]们征求意见,当然得到的是反对的声音。而对此反对声浪提出再批评的相关资料,可从最澄的《显戒论》[2]一书窥得。之后,最澄对促成戒坛的设立虽然不遗余力,但最终还是等到最澄殁后的第七天才得到认可。

那么,为什么最澄会在晚年倾其全力地要设戒坛? 最常被举出的理由是,当时的制度不利天台宗的僧侣养成。也就是说,好不容易才被承认的天台宗年分度者,为了在既有的制度下受戒,不得不下比睿山到东大寺。一旦下了山,不想再回到修行环境严酷的比睿山的人越来越多。为防止这类事的一再发生,于是想出也在比睿山设戒坛的法子。

这样的顾忌确实也有,但是如果只是这样的话,那么在比睿山设立与既有戒坛同性质的戒坛应该就可以了。所以我们不得不考量他执意主张大乘戒坛的用意及此思想的理由在哪里。

有道心者国宝也

因为是大乘佛教,所以需要的是大乘戒。乍听之下,好像是想当然的主张。而事实上,印度并没有类似这样的主张,即使是大乘的出家人也是遵守原始佛教以来的戒律。被视为大乘戒的《梵网经》戒,内容松弛,在家倾向强。例如,我们常说的二百五十戒,在规定上是非常细微的,而

---

〔1〕 僧纲:僧尼的统治机关。基本上是由僧正、僧都、律师所组成,更细分有大僧正、大僧都、小僧都等。论其源流,虽可溯自推古朝,但完备是在律令体制下完成。当时的最高位者是大僧都护命。

〔2〕《显戒论》:三卷,针对僧纲对《山家学生式》所提出的上表文(六统表)与奏文,最澄将之分为五篇,一一批判之。

《梵网经》则以十重四十八轻戒[1]（十个重戒及四十八个辅助的戒），在
数量上很少，且里面谈到不得贩卖酒、要供养出家人等，这些怎么看都是
在家倾向。因此，将《梵网经》戒应用在出家人身上时，通常是与旧有戒
律并用的。另外，将戒律传至日本的鉴真，同时也将梵网戒传进日本，并
为圣武天皇等在家人授戒；而现在最澄将其单独提出为出家戒。

　　《六条式》的开头有这样的名言："国宝何者乎？宝者道心也，有道心人
为国宝。"最澄的用意是希望"国宝"能在世俗社会中发挥其使命。因此他
积极主张出家人、在家人都应依同一的戒，即所谓的"真俗一贯"（四条式）
的立场。这与法华一乘的普遍主义、平等主义的理念是相同的。这样的理
念积极进入世俗社会中，可说与镰仓新佛教的运动相连接。但是，同时在
另一方面，出家人的戒律、修行被轻视的问题，却留在日本的佛教史中。

空 海 的 思 想

何 谓 密 教

杂密与纯密

　　在佛教的研究者中，经常会反复地议论一个问题，那就是密教真能算
是佛教吗？密教在佛教中是这么特殊。因此，在讨论空海的思想前，先让
我们来探索历史意义上的密教的发展足迹，并试着探讨其特征[2]。

　　在日本一向将密教分为杂密与纯密两种。所谓杂密，是指原始佛教以
来，片片断断所说咒法之类的东西。而像《大日经》、《金刚顶经》之类
有体系性、总合性说法的是纯密。相对的，西藏系的密教，如今日大家所
熟知的，他们经常采用如下的四分类法。

---

　　〔1〕　十重四十八轻戒：此所谓的十重如下：不杀、不盗、不淫、不妄语、不酤酒（不卖
酒）、不说四众罪（不说教团成员的罪过）、不自赞毁他，不悭（不吝啬）、不瞋、不谤三宝。
　　〔2〕　有关密教的历史与思想，请参阅金冈秀友的《密教的哲学》（平乐寺书店，1969）、
田中公明的《曼荼罗イコノロジー》（平河出版社，1987）、松长有庆《密教》（岩波新书，
1991）等。

1. 所作坦特罗〔1〕——讲说有关仪式的作法等。

2. 行坦特罗——外在的仪式作法的同时,加上内在的冥想。

3. 瑜伽坦特罗——讲说自我与绝对者的合一。

4. 无上瑜伽坦特罗——更发展瑜伽坦特罗之说,并着重身体、生理性因素的冥想。

四者中,所作坦特罗相当于杂密,行坦特罗属纯密中的《大日经》等,瑜伽坦特罗属纯密中的《金刚顶经》,无上瑜伽坦特罗也属纯密,包括了中国及日本所未传,或只传部分的《秘密集会坦特罗》〔2〕。将此四类对应于历史发展的次第,所作坦特罗约在 6 世纪左右,行坦特罗与瑜伽坦特罗同在 7 世纪,前者稍稍在前,无上瑜伽坦特罗的成立则要更晚。传到中国、日本的密教,只到第三阶段的瑜伽坦特罗,相对的在西藏则特别重视无上瑜伽坦特罗。所以,同样是密教,其相距是非常大的。

密教与显教之别

那么,佛教中密教的特殊性在哪里? 原始佛教以来的根本原理中,有一项是无我的原理。"无我",即一切的存在不具有像自我那样固定性的实体。换句话说,离因果性而永远存在是不可能的。这个原理在大乘佛教则名之为"空",被认为是最中心的原理。然而,密教的绝对者大日如来〔3〕是永远的宇宙的实体,这与在此之前,将佛教的佛的最究极归于空,在根本上是不同的。在冥想中,借着自我与这个宇宙性的大如来一体化,自我也能获得绝对性。这点与在《奥义书》(Upaniṣad)〔4〕中

---

〔1〕 坦特罗:一般的经典被称为修多罗,与此相对的密教经典则被称坦特罗,所以也称密教为坦特罗主义。修多罗有横线之意,相对的坦特罗有纵线之意。与密教的形成大约是同一时期的印度教等也有这样的倾向,其圣典也被称为坦特罗。

〔2〕《秘密集会坦特罗》成书于 8 世纪。汉译本是施护所译的《一切如来金刚三业最上秘密大教王经》,其代表方便,父坦特罗系。而代表般若、因坦特罗系的是《喜金刚·坦特罗》。

〔3〕 大日如来:Vairocana,亦音译为毗卢遮那、摩诃毗卢遮那。是《华严经》的毗卢遮那佛的更进一步的发展形式,位于两界曼荼罗的中心。

〔4〕《奥义书》:古印度的一群哲学书的总称。共有二百多篇,有些是非常近代之作。然最重要的是与佛陀同时代撰写的数篇,称古奥义书,形成印度的圣典吠陀文献的最后部分。

也能看得到的宇宙原理（Brāhman；梵）与自我原理（Ātaman）一致的理论，有极类似之处。由空海所立这类密教的理论化，容待稍后再讨论。总之，佛教向来所主张的"无我"、"空"所具有的现世否定性消失了，在密教中很明显地现实肯定支配着一切。

另外，密教本身也承认自己的立场与一般佛教不一样，其立场是超越大乘的金刚乘。又如同最澄将戒律严峻地分为大、小乘一样；空海则将密教以外的教义，即将大乘小乘都归为显教，在峻别密教中主张终极的真理唯有在密教。

暂且不论杂密，纯密的《大日经》与《金刚顶经》同是中唐玄宗时代，即8世纪前传到中国。善无畏、一行师徒依《大日经》，金刚智、不空师徒按《金刚顶经》等确立了中国的密教。而融汇此二系统的是空海的师父——惠果（746—805年）。在日本所说的两部或两界[1]，指的是以《大日经》为基础的胎藏（界）[2]，和以《金刚顶经》为基础的金刚界，视二者为一体的想法是极普通的，这种想法在此首次成立。但惠果没有留下著作，又其后因中国密教的衰颓，所以将密教体系化的课题只好留待日本的空海。

即身成佛的理论

六大、四曼、三密的原理

所谓的即身成佛者，如字面上所述，以此身觉悟而成佛，这也是密教修行的目的。具体而言，在《金刚顶经》中看得到有五相成身观[3]等的行法。但在理论上最体系化的该是空海的《即身成佛义》[4]。《即身成

---

〔1〕　两界：金刚界代表智慧，胎藏界代表透过智慧所体会到的理。挂置两界曼荼罗时，殿堂的右（东）边挂胎藏界，殿堂的左（西）边挂金刚界曼荼罗。

〔2〕　胎藏（界）意即大悲胎藏所生。与"金刚界"相比，"胎藏界"的称呼是出自日本。

〔3〕　五相成身观：经过通达菩萨心、修菩提心、成金刚心、证金刚心、佛身圆满的五个阶段，终于体悟到自己就是佛的真理。《金刚顶经》则是介绍借由这样的观法而悟得一切义成就菩萨。

〔4〕　《即身成佛义》：一卷，文中首先揭示二颂八句的偈文（即身成佛偈），紧接着是解说此偈而展开的即身成佛理论。后世模仿本书而有六种不同版本的《即身成佛义》。

佛义》虽是短篇的著作,以即身成佛的课题为轴,可说是空海密教理论的浓缩。因此,下面将按该书的体系,略谈空海的密教。

《即身成佛义》的体系,基本上被归纳为六大、四曼、三密的原理。六大是体(本体、本质),四曼是相(现象),三密是用。更进一步讨论之,首先六大的"大"是构成世界的原理,即地、水、火、风、空的五大,再加上识大。可以说五大是物质的原理,识大是精神原理,所以六大指的是物质、精神相配合的这个世界的总体。六大不外乎是世界的本质、本体。

如上所述,大乘佛教以"空"来捕捉世界的本质。而与此相对的,这里则承认物质与精神两方面的具体现象的现实世界,主张现实世界的本来面貌就是它的根源,它被认为是大日如来的法身[1](本质的状态)。也就是说,六大的根本原理可以说是一种泛神论(泛佛论)。因为,我们的自我也是世界的一部分,从这点看来,即使没有修行,本来就已经是佛,而所谓的修行,就是自觉到(本来是佛)这个道理。

曼荼罗与三密加持

其次,根源的六大,在感觉上的表象是四曼(四种曼荼罗)。曼荼罗是在一个画面上,描绘诸佛、诸尊的东西。其中约有四种,即大曼荼罗(一般的曼荼罗)、三昧耶曼荼罗(描绘诸佛所持的器具)、法曼荼罗(描绘象征诸佛的梵字〔种子字〕)、羯磨曼荼罗(显现诸佛的行为)。然更进一步思考的话,因为根源的六大就是这个世界的具体性、现象性的事实,除此之外,并无其他感觉性的表象。根源的六大的具体性、现象性的事实世界,正是第一义谛上的曼荼罗。与此相对的,通常被称为"曼荼罗"的东西,是我们为了接近第一义谛的宇宙曼荼罗的通路,可以说是象征着宇宙曼荼罗。

最后,根据这样的原理理论与现象理论的实践论就是三密加持。三

---

〔1〕 法身:显教所谓的法身,是以非人格的真理作为佛的本质,相对的以有人格性的佛的形象作为报身佛或应身佛。而密教的法身,则直接以具人格性活动的大日如来为法身。

密是身、口(语)、意(心)三者的功用,通常称之为三业,若是指超越常识的佛的功用,则称为三密。而"加持"是我们众生的三密功用与佛的三密功用吻合一致。若身结印契、口诵真言、心住三昧,此时借我与佛的合一,即是在事实体验中完成即身成佛。

以上,试着按《即身成佛义》来看空海的密教体系。这个理论是密教的理论,同时颇有意思的是,它也具有理论化日本人的宗教观的一面。总而言之,日本人在现象界之外树立绝对神,不承认观念性的世界,而倾向直接肯定原原本本的现象世界。特别是源自泛灵论(animism;精灵崇拜)的世界观,尊重自然世界者很多;泛神论的六大说与日本人的此类世界观极为一致。后来崛起的道元的思想、亲鸾的自然法尔说[1],也是倾向于承继这类思想的。日本的宗教中,与绝对者合一而发挥超能力的萨满教要素也是很大的,另外,三密加持的即身成佛理论,也是与这样的想法一致。空海本身原是山岳修行者,因此后来山岳宗教与密教合为一体,在促使修验道发展时,这样的理论变得具有极重要之意义。

十住心的体系

从凡夫到密教最终极目标的十个阶段

淳和天皇在天长年间(824—834 年)敕命诸宗的第一人各自提出自宗的教义。即所讲的"天长敕撰六本宗书"[2]——法相、三论、华严、律、天台、真言等六宗。此时,真言宗由空海亲撰并定名的《秘密曼荼罗十住心论》[3](十卷,天长七年,830 年),是晚年的空海思想成熟期的大作,

---

〔1〕 自然法尔说:亲鸾晚年的思想。舍弃行者自身的意愿,将自己委托给阿弥陀佛的自然功用,"阿弥陀佛是像自然那样地存在"。也就是说,具有超越了阿弥陀佛人格性的一面。

〔2〕 天长敕撰六本宗书:法相宗护命的《大乘法相研神章》五卷、三论宗玄睿的《大乘三论大义钞》四卷、华严宗普机的《华严一乘开心论》六卷、律宗丰安的《戒律传来记》三卷、天台宗义真的《天台法华宗义集》一卷、真言宗空海的《秘密曼荼罗十住心论》十卷。

〔3〕 《秘密曼荼罗十住心论》十卷。略称《十住心论》。以《大日经》住心品为基,陈述十住心的体系。另有简略其内容的版本——《秘藏宝钥》三卷。

虽然被视为主著,但与其说该书将密教理论做了体系化的介绍,毋宁说它描绘了人的心,从最浅的阶段逐渐加深而达到密教的究竟智慧的阶段。同时,它也试图对从外道(佛教以外的思想)到佛教内部诸宗的教理给予深浅的教判。以下简介其十个阶段:

1. 异生羝羊心——"异生"即指凡夫。凡夫的心像羊那般愚蠢,在六道[1]中轮回而混沌的状态。指种种错误的外道。

2. 愚童持斋心——像傻小孩守持斋戒一样的状态。是种种世俗理论道德的立场,指儒教等。

3. 婴童无畏心——仍属孩童般的状态,没有堕落恶道之虑的状态。以上三者是佛教以前的世俗状态。

4. 唯蕴无我心——相信只有五蕴[2]是实在的,而实体的自我是不实在的阶段。相当于小乘的声闻。

5. 拔业因种心——观十二因缘[3]、拔去业苦或无明种子的阶段。相当于小乘的缘觉。

6. 他缘大乘心——因挂虑其他众生的事,故说他缘。属大乘的最初阶段,相当于法相宗。

7. 觉心不生心——觉悟一切的存在是不生不灭的阶段,相当于三论宗。

8. 一道无为心——立于唯一绝对的立场,超越因缘造作(有为[4])的阶段,相当于天台宗。

9. 极无自性心——显教的究极阶段,觉悟一切存在的无自性,相当于华严宗。

10. 秘密庄严心——密教的立场。

----

〔1〕　六道:众生重复轮回转生的世界。即指地狱、饿鬼、畜生、修罗、人间、天,亦名六趣。

〔2〕　五蕴:构成此世界的五项物质的、精神的要素,亦名五阴。色(具色彩之物质的存在)、受(感受的作用)、想(表象作用)、行(意志等心的作用)、识(对象认识的作用)。

〔3〕　十二因缘:佛教认为这个世界的一切存在是由各种的原因(因)、条件(缘)的聚集而形成。特别在寻找人之所存在的苦因,是开始于无明(对真理的根本无知)、终于老死的苦,而立十二项因缘的连锁。

〔4〕　有为:由因缘所形成的无常的世界。超越此有为的悟的世界,名之为无为。

以上十个阶段中,前九段是显教,只有最后的第十阶段是密教(九显一密)。然在究极的密教立场上,一切的存在,不管是烦恼、罪恶或困惑等都是一切的根源——大日如来所显现,所以前九个阶段也可视为是密教真理的显现(九显十密)。在空海如此巧妙的理论下,密教以外的诸宗,甚至外道或世俗道德也含括在他的体系内。另外,也可以说这是他的大胆,或说是与南都诸宗及世俗权力的妥协融合,这么大的体系才有可能成立。事实上,空海是一位极具日本性,同时也有脱离日本人框框的特性的思想家。

从圆教到密教

真言密教的完整性与天台的密教化

最澄与空海这两位极具对比性的思想家,他们互为竞争对手,各自展开各自思想的平安初期,是日本佛教思想史上最具生产性的时代之一。最澄虽然站在法华圆教的立场,但并未完成其体系性的思想,最后陷在辩论的争战中。与此相对的,空海在树立其庞大体系的同时,也充分地发挥了其他方面的天才。但挺有意思的是,比较天台、真言两宗的后续发展,真言宗在院政期虽然也有像觉鑁等发展出自己独特思想的思想家,但总体而言,在思想史上是呈现停滞状态的。相对的,天台宗方面自最澄灭后的圆仁、圆珍开始,平安中期的源信,甚至镰仓期出现的新佛教主柱的思想家也都是出身比睿山,是极宽广的展开。这或许正是因为最澄的思想体系还未完成,仍有增补之必要,留有自由新发展的可能性。另一方面,真言宗因为在空海手中已经完成了非常完整广大的体系,已经没有增添或开展新方向的余地了。

姑且不论这些,接下来简单介绍一下,继平安期的最澄、空海之后,圆仁、圆珍、安然等诸师的天台的密教化。如前所述,国家及贵族所希求的是所谓的加持祈祷,而在密教的咒术方面,最澄是不足的。不仅是这类的外在因素,另外也目睹了空海所传并令其开展起来的新佛教的魅力。因此,最澄的后继者们也开始学习并强烈地感受到有吸收密教的必要性。于是圆仁等开始天台的密教化,一般称为台密。台密开始可以与真言宗的东密(以东寺为中心,故名东密)相比较。如果只是密教礼仪方面的吸收采用,倒也没有什么好比较的,而在密教教理的采用上,必然会产生该如何理解其与旧有天台圆教的关系等教理上的问题。这也是思想史上不容忽视的一个新的发展。

圆仁与圆珍

　　首先来看圆仁。圆仁(794—864 年)在承和五年(838 年)四十四岁时入唐,滞唐十年,其间碰上疯狂的会昌废佛[1],最后在承和十四年(847 年)归国;当时的社会情形在《入唐求法巡礼行记》[2]一书中有详细记载。在台密的形成上,圆仁所完成的最大成果是传入"苏悉地法"[3]。因此,台密在金胎两部上增加了苏悉地而变成三部。在理论上,圆仁主张法华圆教与密教是同一的,在实践上是不同的(理同事别)。另外,圆仁也传进五台山的念佛,其音乐性的念佛——"山的念佛"为大家所熟悉,且对后来净土教的发展有很大的影响。

　　继承圆仁的是圆珍(814—891 年)。圆珍是第二代天台座主义真的弟子,于人寿三年(853 年)入唐,天安二年(858 年)归国,带回很多的密教典籍。他针对圆教与密教的关系,较圆仁有更进一步的说明,在理论上是一样的,在实践上则承认密教的优越性(理同事胜)。圆珍的门流中也是优秀人才辈出,终于与圆仁的门流相互较劲,到了 10 世纪末,圆珍门人离开比睿山,据园城寺为基地。

---

　　[1]　会昌废佛:唐武宗会昌五年(845 年)所一意孤行的废佛之举,乃听道士赵归真之劝而执行,除了长安、洛阳的四寺及各州的一寺之外,摧毁寺院,勒令僧尼还俗。是一项极彻底的废佛行动,致使堪称全盛的唐的佛教,濒临坏灭状态。

　　[2]　《入唐求法巡礼行记》四卷。从入唐到归国的详实记录,是欲知当时的中国况所不可缺的贵重资料。由于莱夏的研究,使此书在欧美也相当有名。

　　[3]　苏悉地法:唐・轮波迦罗译的《苏悉地羯啰经》(三卷)的行法。台密则视之为统合金胎两部的经,赋予很高地位。

台密的完成者——安然

继圆仁、圆珍之后,完成台密的是安然(841—?)。圆仁、圆珍都曾经担任天台座主之职,并获大师之号,也就是都享有盛名与美誉。相对的,对安然却是连他的生平经历都不太清楚,但他的博识及著作之多,使他不愧为台密的集大成者。安然认同密教的优越性是想当然尔的,甚至自称是真言宗,但这并不意味他屈服于空海系的真言宗,他甚至提出了独特且重要的"四一教判"理论。

四一者,是从一佛、一时、一处、一教的四个立场来说明密教的绝对性。一佛者,三世十方一切诸佛即是大日如来一佛,甚至说一切的现象,其原来的相貌即是大日如来。一时者,三世十方一切的时,是大日如来说法的永远的时。一处者,三世十方一切诸佛的住处,即是大日如来的住处。一教者,三世十方一切诸佛的教法,不外乎是大日如来的教说。

如是,他主张一切为大日如来所统摄。这样的理论虽然有足以匹敌空海体系的壮观规模,但却暗含若一步错,即尽失其差别,而被全盘否定的危险性。这不禁让人想起黑格尔(Hegel)批评谢林(Schelling;德国哲学家)的哲学时说:"一切的牛是变黑的夜。"

事实上,后来的天台思想里,发展出所谓的"本觉思想",就是从安然的思想中发展出来的。即往毫无差别地肯定现象世界的一切事象的方向渐进,这可以说是从古代末期到中世的佛教思想史上的重大问题。这点将在第三章"末法与净土"和附录二"本觉思想"中来讨论。和此类思想的关联上,安然的思想都是极为重要的因素。向来对安然的研究,除了宗门的一部分学者之外,一般人几乎连安然的名字都不知道。安然是"被遗忘的思想家"中的一员,也是今后很值得去研究的思想家。

第三章　末法与净土

末 法 到 来

末 法 到 来

梦见净土：道长与法成寺

宽仁二年(1018 年)，辞去仅仅任职二个月太政大臣的藤原道长，再度拥立自己的女儿威子成为后一条天皇的正宫。威子是继彰子(一条天皇的皇后)、妍子(三条天皇的皇后)之后，道长第三位成为天皇正宫的女儿。而后一条天皇是一条天皇与彰子所生之子。此时道长五十三岁，也正是他享受荣华富贵的最顶点，因此他描述自己当时的心情，有句非常有名的话："若思此世为我有，犹如满月永无缺。"

享尽荣华的藤原道长，这个时候开始感到身体不适，并转向关心来世。翌年道长出家，并开始筹建雄伟的法成寺。他以出乎寻常的执着心急于建造的巨大寺院，终于在治安二年(1022 年)完成。法成寺包括三昧堂、阿弥陀堂(无量寿院)、五大堂等；阿弥陀堂的本尊是九尊丈六的阿弥陀佛，到了黄昏，以道长为首的很多僧人齐集堂内，念佛之声响彻云霄，几乎要让人有"净土即如斯"的错觉。

女儿们先行离世,灿烂的荣华蒙上阴翳的万寿四年(1027年)十二月,道长在阿弥陀堂迎接他人生最终的时刻。在九尊阿弥陀佛[1]前,头朝北、面向西地躺卧着,手紧紧抓着另一端系在阿弥陀如来手上的五色丝线,在僧侣们念佛声中意想着净土,终结他六十二岁的人生。《荣花物语》[2]中"凄凉的末世,倾力造佛、建堂、访僧",赞颂道长的作为留在无常之世千年。永承七年(1052年),是进入末法之前,即所谓的"世中像法之末"的年代。

社会不安与末法的第一年

兴隆达到极限,终将迈向衰退。事实上,在道长的时代,虽然有北方的刀伊(女真)袭击(1019年)北九州,首都也经常流行瘟疫,治安紊乱不稳等,但是像道长这样的巨星陨落,更增加了社会的不安感,而特别显眼的是僧兵的横行。在南都,兴福寺的僧兵袭击东大寺;在京都,延历寺(山门)与园城寺(寺门)的斗争依然炽烈[3]。长历二年(1038年),关白大臣藤原赖通想任命寺门的明尊为天台座主时,山门的僧徒蜂拥来到赖通的官邸施暴。在天地变异相继不断中,本该是济民度众的僧侣却态度蛮横,明白显示出佛法的衰颓,不得不令人强烈感受到末法已近。

永承七年(1052年),终于迎接了末法的第一年。也就是时代已迈向佛灭后二千年,只空有佛陀的教法却没有修行、没有证悟的黑暗时代。同年八月,藤原资房在听到长谷寺大火的消息后,在他的日记《春记》[4]中写道:"末法最年有此事,应恐之。"数年后的天喜六年(1058年),曾被认为代表永恒的法成寺失火,在一夕之间化为灰烬。

当时正值东北前九年之役(1051—1062年),社会正处于水深火热

[1] 九尊阿弥陀佛:《观无量寿经》九品段的文中叙述从上品上生至下品下生间九个阶段的往生,象征各个阶段的阿弥陀佛的形态。

[2] 《荣花物语》:四十卷,是平安后期的历史物语,描述以藤原道长的荣华富贵为主的贵族社会百态,受佛教影响极大。作者相传是赤染卫门,收录于"日本古典文学大系"等。

[3] 山门与寺门的纷争。圆珍系的门徒占据了园城寺,特别是在永祚元年(989年),圆仁系的门徒反对余庆就任天台座主之后,圆珍系的门徒下山到园城寺,于是注定了决裂的命运。

[4] 《春记》:1026—1054年的日记现存。收录于《史料大成》等。

中,时代确实是在转移。在变动不安的时代,在无所可遁逃的情况下,人们涌向已经进入末法时代的佛法,寻求得救之道。在末法中,有用的佛教是什么? 真实的救赎是什么? 这是一个认真的佛教行者前仆后继摸索其解答的时代。

末法思想的由来

佛灭年代的诸说

永承七年末法时代到来之说,多多少少关心这个时代历史的人都知道。所谓的末法时代,指的是释尊灭后二千年后的时代,少数详知此段历史的人应该知道。但释尊是何时往生的? 为什么又是往生后二千年? 剥丝抽茧般地问下去的话,就有点麻烦。

首先,来看佛灭年代的问题。即使是近代的研究,对佛灭年代论这个大议题,争论依然不绝。在年代方面有两种说法,即前6至5世纪之说,与前5至4世纪之说。为什么二说相差了一世纪? 二说都是以稍后统一印度、保护佛教的孔雀王朝的阿育王[1](Aśoka,前3世纪)为起点计算。南传系(斯里兰卡传承)的史料以佛灭二百年左右,北传系(中国传承)的史料以佛灭百年左右为阿育王朝之始。二说中哪一个正确? 目前的研究现状是,若不是相当新的考古学上的新发现,是无法判定的。

从前述永承七年末法到来之说,来推算佛灭年代,永承七年为公元1052年,相当于佛灭后的2001年,以此逆推,佛灭是在前949年,这一年相当于中国周穆王五十三(或五十二)壬申年。另外,佛灭年代说,在稍早之前有周匡王四年(前609年)壬子说,但最占优势的是穆王壬申年之说。近代研究所推定的周穆王壬申年之说较周匡王的壬子年说要古老许多。

---

〔1〕 阿育王:在位期间约是前268年到232年间。孔雀王朝的第三代国王。因后悔攻打迦陵加地方时太过杀戮,所以皈依佛教、保护诸宗教。在所管辖领土内建刻有诏敕的摩崖及石柱,其中有一部分仍现存。

那么,此说的根据是什么?通常认为是依据《周书异记》一书,但此书是唐初所伪造。而确切的史料是在隋代就有穆王的壬申年之说(费长房《历代三宝记》),据说这是从南北朝末期到隋代之间,佛教与道教之争中,为了主张佛陀比老子早而有此说。

又为什么是周穆王呢?穆王是传说性非常强的人物,依《列子》[1]所述,在穆王的时代,有从西国来的化人,示现种种神秘,王本身亦去了西国。依这段记载,有人主张这是西方神人,佛陀与穆王搭上线的表征。虽然这个传说很明显是中国人捏造出来的,但因其与末法的年代相关,而备受注意。

正法、像法、末法的三时说

接着讨论"佛灭后二千年",这个数目是从何来?众所周知的,末法与正法、像法二者配套成组而有三时说之称,最一般化的说法,则如下所述。

正法——佛灭后千年间。具足佛的教法、修行与证悟。

像法——第二个千年。虽有教法与修行,但不具证悟。

末法——像法后的一万年。只留有教法,没有修行与证悟。

然而,这种说法即使在中国,也是相当晚的言论。总而言之,在大乘经典中经常可以看到提到在佛灭后五百年左右,佛教面临危机的记载。而事实上,西元前后,在印度西北部有大规模的镇压佛教的事件,大乘佛教是在那时候兴起的,指的危机就是当时的镇压事件吧!另外,教团本身的堕落,终于出现更深刻的法灭观。正法之后是像法,但印度的经典并未提到末法。即使是正法、像法之说,指的是正确的佛法和相似正确的佛法之意,并未与"时代"的意思有直接的关联。

到了中国,这些名词的意义才首度转变成呈现时代的概念,并加上末

---

〔1〕《列子》:传是庄子的前辈列御寇所著,但据考证其最终的完成时间是在六朝时代。内容虽然杂多,却是欲知与佛教关系密切的当时老庄系思想的重要资料。

法而形成三时说[1]。当时，和上述的佛灭时代不同，同时对三时的年数也有种种说法出现。也就是说末法一万年的说法大致相同，而"正法、像法"的说法则有"千年、千年"、"千年、五百年"、"五百年、千年"、"五百年、五百年"等诸说。即使在中国末法说的年代也未必一样[2]，不过在中国末法成为议论的课题要比日本早，1052 年说并未成为论题。末法说最盛的是隋末唐初，北朝末的北周武帝的废佛[3]是一大契机，而在日本则以佛教界本身的堕落与社会动荡不安为最主要的问题，在中国最主要的是外来的压力带给佛教界的危机。

因此，即使同样是"末法"，在日本的解读是极有特色的。宗教的思想绝不是只从经典的文字面来显现，接纳这个思想的社会状况与主体意识才是最重要的。"末法"在日本的接纳状况就是一个很好的例子。

末法思想的展开

景戒与源信的时代认识

在日本，最早表明末法思想的是景戒的《日本灵异记》，在该书卷下的序文中，自"佛灭"之年到延历六年计有 1722 年，"已入末法"。因景戒是采正法五百年、像法千年之说，所以佛灭年代说是 935 年，虽近穆王壬申年之说，但有些许出入。景戒慨叹自己所处的时代是"修善者，如石峰开花稀，为恶者，如土山生草多"，并忏悔自己"结爱网业，烦恼所缠"、"居俗家、蓄妻子"（卷下·三十八话）。虽然在年代的选择上有所不一，与稍后的末法思想家一样的是对时代恶业的慨叹，同时也反省身处该时代的自己也无能幸免。

---

[1] 最早出现"末法"之语的是慧思(515—577 年)的《立誓愿文》。
[2] 在中国流传的说法，若采用从北周武帝的废佛开始，正法五百年、像法千年说，在 552 年进入末法之说，成为一个有力的说法。
[3] 北周的废佛：三武一周的法难，是中国四次废佛中的第二回。北周武帝于 574 年废佛教、道教，虽然创设了通道观，目的在建立国家宗教，但 578 年武帝薨后，一切恢复到从前。

主张永承七年末法到来说的主要是天台宗。虽然日本天台宗的宗祖最澄已有"像末"(像法之末)的意识,但显著地将它诉诸实践的是与藤原道长同时代的源信。源信的《往生要集》序,以"往生极乐之教行,浊世末代之目足"开头,序中虽然没有"像末"、"末法"等用语,但其对时代的认识已经很明确了。"易觉易行"的净土教摄受了动荡不安时代的人心,述说即使是末代凡夫也能得救。此问题待次节再讨论。

追认事实的《末法灯明记》的论理

代表日本末法思想著作之一,且给后世带来巨大影响的是《末法灯明记》[1]。此书虽署名最澄所著,但时至今日仍对作者有颇多争议;恐怕是进入末法年代之后的院政时期之作。即使作者立于最澄的时代,"今时是像法最末时"、"彼时行事既同末法",实际上讨论的是末法的问题。其论理非常明快,即"正法、像法"时代戒律能被实践,不守戒律,即为破戒。但到了末法时代,只存在教法,实践成为不可能,所以无所谓持戒或破戒。在那个时代里,戒本身是不存在的,无戒的名字比丘,正是此世之宝,应该尊重之;以上为其重要论点。

迎接末法到来之际,以比睿山为中心的日本佛教界,明显地世俗化,同时也滋生出种种问题。上级的僧位为权门子弟所占而世俗化,下级的僧侣沦为僧兵穷凶横暴。佛教界的这种现况,更加深了人们对"末法"的想法。更何况,守戒勤修行的出家人变少了,所以末法时代只有教法没有行证之说被完全接纳且借用了。书中并非批判时事,相反地拿不守戒律、不修行的自己的现况去附和"末法",如此一来很自然地为自己辩护,而主张即使是徒有虚名与形象的僧侣,人们还是应该尊敬他们。

虽然这是很自私的论法,但这之中隐藏着某种不容忽视的现实人性的一面。在末法之世,如果摆出一副已经是一个开悟了的高僧的样子,那不是很奇怪吗? 既然已经知道不可能有修行与证悟,做一个仍在摸索中

---

〔1〕《末法灯明记》一卷。收录于《传教大师全集》等。

的僧人,不是很有价值吗? 这里与《灵异记》的作者景戒的慨叹有异曲同工之处。终于公然娶妻而以"非僧非俗"姿态出现的亲鸾,在他的主著《教行信证》[1]的化身土卷中,长长地引用了本书,一定也是对这点有同感吧!

欣　求　净　土

二十五三昧会

比睿山横川的"死的结社"

宽和二年(986 年)五月二十三日,有二十五名僧侣齐聚在比睿山横川的楞严院,成立二十五三昧会。其目标之所在可参考下述二十五名僧侣的连署发愿文:

> 今相议云,我等互契合为善友,最后临终相助而教念佛……若适往生极乐者,依自愿力、依佛神力,若梦若觉,示结缘人。若堕恶道,亦以此示。亦此结众,时时同心,共净土业。就中,每月十五夕,修念佛三昧,祈临终十念。[2]

此即平日固定的活动。虽然在每月十五日的傍晚,大家聚在一起修念佛三昧,其目的是希望伙伴们在临命终时,大家助其念佛,令其安然往生极乐世界。而往生者的义务是,借梦或其他方法均可,告诉其他人自己已经往生极乐世界,或者因恶业堕入恶道。

这是一个诡谲的"死的结社"。他们关心的不是如何生,而是如何死。死后能否往生极乐是他们最在意的。会的具体规则,稍后分别由庆滋保胤(寂心? —1002 年)与惠心僧都源信(942—1017 年)整理成八条

---

〔1〕《教行信证》:书名全称是《显净土真实教行证文类》六卷。大抵在元仁元年(1224 年)时已完稿,晚年时再增减删补,其自笔本仍现存。是由教、行、信、证、真佛土、化身土卷所组成。其中化身土卷是针对自力行者所说的方便之教。
〔2〕 临终十念:见于《观无量寿经》的下品下生段。即使是恶人,若在临终之际,遇到善知识之教而十念念佛,则一定能往生。

和十二条的起请文。依之,同伴中若有人生病时,移送至特别的建筑物——往生院,同修们给予鼓励,期使心不为所乱,往生后在遗体上洒上以光明真言[1]加持的土砂(舍利),而后的安葬、吊唁等均有详细的规定。

能安详往生为其目标,这一点与现在的安宁医院很雷同。结众中有数名二十多岁的年轻人,在健康年轻的时候就以死亡为最大目标,不禁令人有异常之感。而且,源信、保胤甚至花山法皇等都是当时的高级知识分子、文化人,他们也都深切地关心这些问题。像法之末,是道长的父亲藤原兼家身为摄政大臣,权势极夸一时的时代。该会指导的最高原则,则不外乎是源信的《往生要集》。

源信与保胤

源信[2]为大和国人,是比睿山的中兴之主良源的门人。其学识与文才是众所称颂的,因厌恶比睿山的世俗化,而移至横川隐居。不至贵族处出仕,不接受僧位,专心致意于修行与学问。《往生要集》[3]三卷,为永观二年(984年),源信43岁时始撰,于翌年完成;也就是二十五三昧会结社成立的前一年。

《往生要集》的成立背景中,另一位不容忽视的人是庆滋保胤。保胤出身阴阳之家,擅文章、诗歌等,也因唾弃权门的明争暗斗,遂寄心于净土。宽和二年出家,法名寂心。出家前撰述的《日本往生极乐记》[4],是极乐往生者的传记,此书也是往后数量很多的往生传文学[5]之嚆矢,因

---

〔1〕 光明真言:在《不空羂索毗卢遮那佛大灌顶光明真言》等经中见得到的真言。诵此真言108次以净化土砂(即土砂加持),将此加持过的土砂洒在亡者的身体上或坟墓上,则亡者将被佛的光明所包围,能往生极乐世界。之后,因镰仓时代的明惠(高弁)所推广,而使此信仰得以推广。

〔2〕 源信:传记有速水侑《源信》(吉川弘文馆,1988)等。

〔3〕 《往生要集》:有关净土往生的问题点,分十章讨论,引用多数的经论来作论证。有送到中国(宋)的遣宋本和留在日本的留和本两个系统。

〔4〕 《日本往生极乐记》:一卷,986年左右成书。迦才的《净土论》等,记录四十几位往生实例,是日本最早的往生传。

〔5〕 往生传文学:续前注之往生传书,院政期则陆续有《续本朝往生传》(大江匡房)、《拾遗往生传》《后拾遗往生传》(三善康为)、《三外往生记》(沙弥莲禅)、《本朝新修往生传》(藤原宗友)等问世。约在同时也有撰写集录法华信仰者的传记。例如《大日本国法华经验记》(镇源),还有神仙修行者的传言《本朝神仙传》(大江匡房)等。

此也论及《往生要集》。撰写二十五三昧会的起请文的源信,也是当时佛教界优秀的善知识之一。

《往生要集》

凄绝地狱的描写

《往生要集》一开始所描述的地狱情形,由于太过有名,几乎可以媲美但丁的《神曲》。依其所述,地狱有八类——等活、黑绳、众合、叫唤、大叫唤、焦热、大焦热、无间。等活地狱在人类所住的这个世界的地下约一千由旬(yojana,一由旬约7.4公里),因杀生而堕此地狱。住这里的人,怀互害互残杀之心。如果死了,狱卒将其骨肉磨为粉末,经凉风一吹,又再复生;同样的事一而再、再而三地重复着。四天王天以人间的五十年为一天一夜,寿命五百岁。而四天王天的五百岁寿命是此地狱的一天一夜,地狱众生的命则长达五百岁。另等活地狱有十六个附属的小地狱。

像这样绵绵不绝地描绘着地狱的情形,那确实是凄惨恐怖的。虽然雷同的描述接连不断,有些令人感到不耐烦,但是,其超越肉体的痛苦,传达到人心也确实令人震撼。例如众合地狱的一个附属地狱是淫乱他人之子的人堕落之所,在这个地狱里,则目睹自己的儿子在地狱中,其阴部被钉子所刺之苦。自已即使能忍受痛苦,但看到亲生儿子苦痛号叫之状,岂能平心静气不为所动?

净土念佛的百科全书

虽然《往生要集》对地狱的描述非常有名,但该书总共十章,对地狱的描述,只不过占第一章中的一部分而已。第一章的章名为厌离秽土,描述地狱、饿鬼、阿修罗、人、天等六道之苦,用来说明应该脱离六道之苦,甚至被人们认为理想的诸天神世界,也是在其寿命尽时堕入衰苦世界。即使不像基督教那样天堂与地狱相对立,却也有包含六道的娑婆世界与相对的极乐世界。更正确地说,娑婆世界或极乐世界之类的世界有无数之多;其中最美好的是极乐净土[1]的世界。

第二章是欣求净土。在第二章里,将美好的极乐世界分成十个项目来说明。第三章论极乐证据,则如前面章节所述,极乐世界较他世界殊胜。但该书的最中心部分,应该是第四章的正修念佛。谈到念佛,书中则广举五个种类,总称念佛。

1. 礼拜门:礼拜阿弥陀佛。

2. 赞叹门:赞叹阿弥陀佛。

3. 作愿门:发菩提心(求开悟之心)。

4. 观察门:观想阿弥陀佛。

5. 回向门:将善根回向给一切众生及自己的开悟。

五项之中,最主要的是第四的观察门,那是一个较狭义的念佛。由下三种观想组成,即将阿弥陀佛的身体分四十二部分,顺次地分别观想(别相观),观想全体的总相观,另外还有从观想眉尖白毫[2]开始的杂想观。这与后来成为主流的口称念佛——称念南无阿弥陀佛是不一样的。关于这一点,留待稍后再谈。而以视觉性为主的观想念佛,和当时代贵族的所好一致,这也促使高超的净土教艺术能开花结果。

第五章助念方法,则论述了种种补助念佛的行。第六章别时念佛,则是叙述寻常的念佛与临终之际的特别念佛法。第七章念佛利益与第八章念佛证据,则是列举经典中所述念佛的利益及证据。第九章的诸行往生,则说明即使是念佛之外的诸著行也能往生。最后的第十章问答料简,则以问答的形式来讨论种种问题,以此作为结束这本与净土念佛相关的百科全书。

---

〔1〕 极乐净土:极乐是梵语 Sukhāvatī 的译语,"有乐"(幸福)之意。净土者,是指大乘佛教的无数佛陀,各有他们活动的世界(佛国土),特别指因佛陀的教化而使秽土净化的世界。虽然净土也是无数,但因阿弥陀佛的极乐净土最广受信仰,所以通常提到净土指的就是极乐净土。

〔2〕 白毫:在佛的眉间有白色的卷毛,是三十二好相之一,佛说法时从白毫放光。《观佛三昧海经》、《观无量寿经》等均重视白毫观。

净土念佛的思想

他力救济：净土信仰的源流

镰仓时代的法然提倡新的称名念佛,在他的主著《选择本愿念佛集》[1]中,将一切佛教分为圣道门(借修行而开悟)与净土门(以往生净土为指标),而后者更细分正行(以阿弥陀佛为称名、观察等行的对象)与杂行(正行以外的行)。而且正行中,只有口称阿弥陀佛名号的称名念佛才是唯一的正业,其他都是帮助正业的助业,最终仍是以称名念佛为唯一绝对的行。

法然的弟子亲鸾,则更进一步地主张相信阿弥陀佛才是真正的绝对,他的重点是将"行"移向"信"。主张依自力之行而欲得悟是非常不可能的,唯有仰赖阿弥陀佛的他力,才有可能得到救济。从这样的立场上来看,《往生要集》的念佛被评为：自力修行的元素强,是困难的难行。但是事实如何呢？要考虑这一点,则有必要追溯到印度的净土思想源流。

印度的大乘佛教起源于西元前后,据说其源流是佛塔崇拜。佛涅槃后,敬爱佛陀的弟子们将其遗骨奉纳在佛塔内供养,佛塔成为佛弟子们信仰运动的中心。然而,这样并不能满足表达逝去佛陀的崇拜,进而产生新思想。这是大乘佛教运动中的一项——现在他方佛的信仰。也就是说虽然佛陀已经涅槃,但在这个世界和其他世界有无数的佛存在。阿弥陀佛极乐净土的信仰是其代表,也是大乘佛教中最早成立的。

阿弥陀佛因其广大的慈悲心而立救众生的誓愿,因成就了誓愿,故建立了极乐世界。因此只要能履行阿弥陀佛所要求的行,不管是谁,死后均能轻易地往生理想的净土。记载此事的是《无量寿经》,若依中国、日本的流通本,阿弥陀佛所立的誓愿是由四十八条所成的四十八愿。其中第

---

[1]《选择本愿念佛集》：一卷,略称《选择集》,内容叙述念佛是由阿弥陀佛选择的本愿行。此书可以说是净土宗宣布独立的独立宣言书,遭到贞庆、明惠等的严厉批评。

十八愿[1]叙述着:信仰阿弥陀佛,愿意生其国土的话,即使只念佛十次也能往生。这个誓愿成为后来念佛信仰的大依据。

像这样,原有的净土信仰,其他力救济的色彩很强,若从佛教的本源来看,这种主张未必是正统的,因为佛教本来的目标是依修行而开悟。在大乘佛教中,具有强烈的自力修行面的有般若思想[2]。般若系的经典强调的是集中精神而入种种三昧(精神的安定状态)。

般舟三昧与观佛三昧

在这里终于出现了大乘佛教的两大主流——净土教的他力救济系与佛教本流的般若本系相联结的三昧思想。以阿弥陀佛为观想对象,使精神集中而入三昧,此称为般舟三昧[3]。接受此般舟三昧后,更仔细地去规定其行法,依序一一观想佛的形象,此为观佛三昧。记载观佛三昧的代表经典是《观佛三昧海经》[4],此经所述的观想对象,不是阿弥陀佛,而是释迦牟尼佛;《往生要集》中多处引用,受其影响很大。又有另一种观佛三昧,不仅以阿弥陀佛为对象,也观想其净土,就是《观无量寿经》(简称《观经》)。《观经》中叙述的净土是极具视觉性的,据经文所述画成画的"观经变"流行于唐代,而流行于日本的当麻曼荼罗[5]是源于此潮流的。

像这样,将印度以来的净土教分为二流。一是《无量寿经》所描述的他力救济性色彩强的经典,另一个是般舟三昧、观佛三昧的系统。后者较前者具难行之要素,也正因如此与佛教的本流更加相连。《往生要集》等

---

〔1〕 第十八愿:"设我得佛,十方众生,至心信乐,欲生我国,乃至十念,若不生者,不取正觉。唯除五逆,诽谤正法。"

〔2〕 般若思想:般若经典所陈述的思想。"般若"是 prajñā(宗教的睿智)的音写,借般若顿悟万物是"空"。般若被视为是大乘佛教的根底而受重视。

〔3〕 般舟三昧:意译为现在佛悉在前立三昧。《般舟三昧经》,支娄迦谶译,有三卷本及一卷本。

〔4〕《观佛三昧海经》:十卷,佛陀跋陀罗译。对佛的观想有详细说明,是观经类经典的原形,《观无量寿经》是说观想佛的经典中最大部。

〔5〕 当麻曼荼罗:与青海曼荼罗、智光曼荼罗并称净土三昧荼罗。据说是中将姬以莲丝织成的,事实上成立于唐。中间描述极乐的情形,周围则描绘《观无量寿经》的故事。

平安期的净土教是立基于后者的,与此相对的,法然、亲鸾等镰仓期的净土教则可视为是立基于前者。因此,与其说比较两者的优劣,不如视之为不同形式的净土教而去寻找各自的特性,至少在思想史上被认为是果实丰硕的。

净土教的开展

中国、日本的净土教

中国的净土教是以上述二种系统的复合而形成发展的,然以三昧系统较强。从六朝到唐的时代弘传于民众间,特别是在善导[1](613—681年)的影响下,更高涨其狂热性。因日本的法然全盘采纳善导的教学,更凸显其救济思想的一面,虽然如此,其采纳般舟三昧、观经变等也很多。

有关日本的净土教起源,首该注意的是圣德太子殁后,其夫人发愿制作的"天寿国绣帐"。关于此"天寿国",有主张是阿弥陀佛净土说,有主张是弥勒净土说,甚至有两者都不是等,众说纷纭。虽然很难断定,若从"天寿国"一词来看,可视为是阿弥陀佛的极乐净土,但是其所描绘的内容也可看出受到道教的影响,此与后来净土的表象非常不一样。

更明确形式的净土信仰,约在7世纪半左右,此时已经有阿弥陀佛的造像了,又可以看到舒明天皇十二年(640年),惠隐在宫中敷演《无量寿经》的记录。到了奈良时代受到唐代的影响,净土教也非常普及,其中身为思想家备受瞩目的是智光。智光是驻锡于元兴寺的三论宗学僧,颇有名气,曾对中国净土教的思想家昙鸾所著的《净土论注》[2]撰写注释书。同时智光也是与当麻曼荼罗、青海曼荼罗并列的智光曼荼罗的创始者,对后代的影响极大。

---

〔1〕 善导:临淄(山东省)人。道绰的弟子,以长安为活动的中心,尽力于民众教化。其著作《观无量寿经疏》四卷,带给法然很大的影响。

〔2〕《净土论注》:二卷,亦称《往生论注》,是世亲《净土论》的注释书。陈述易行道的净土念佛,带给中国、日本的净土教很大的影响。

圆仁与"山念佛"

但是,不管怎么说,净土教能在日本占一席之地,圆仁在引进五台山念佛所扮演的角色是极为重要。在天台有所谓的四种三昧,即如下所述四种为集中精神而立的行。

1. 常坐三昧——九十日间,面对某一特定的佛像而坐禅,借此达到精神的统一。

2. 常行三昧——以阿弥陀佛为本尊,九十日间,经行于禅堂四周,一面称念阿弥陀佛的名号,借此以达到精神集中的目的。

3. 半行半坐三昧——重复坐禅与经行,以达精神集中。

4. 非行非坐三昧——不限于坐禅或经行,行住坐卧一切都可,借之达到精神集中的目的。

最澄虽然在日本确立了天台宗,但并未能使此等行法实际地在日本生根。因此,在最澄之后入唐的圆仁引进了当时在五台山[1]盛行的念佛,并于比睿山建立常行三昧堂,期能广传。在五台山盛行的所谓山念佛,是开始于受到善导影响的法照,是极具音乐性曲调的念佛。此后比睿山的念佛,与其说是修行,毋宁说更强调其仪礼;"山念佛"在平安贵族之间广受欢迎。

阿弥陀圣的活跃

念佛逐渐在日本人之间定位下来,在较源信早的时候,因空也(903—972年)的布教活动,念佛广传于民众之间。空也属奈良时代行基的系统,是民间佛教的指导者,被称为"阿弥陀圣"、"市圣",主要弘扬口称的念佛。

毕竟,口称的念佛除了简单容易之外,同时也很容易与咒术性的想法相结合。古时候的人认为,言语从口中出,言语具有能支配其所表达的东

---

〔1〕 五台山:位于山西省忻州地区五台山县的圣山,是大家所熟知的文殊菩萨的圣地。圆仁、成寻等来自日本的巡礼者也很多。

西的能力。因此,称念阿弥陀佛的名号,能使阿弥陀佛的绝大力量产生效用。因此,作为民间念佛[1]的形态,当然毋庸置疑地念佛与超荐死者的礼仪、农耕的礼仪相结合,广泛地被日本的民众所采纳。这些与高纯度的净土教思想或许无缘,但在考量佛教落实于日本时,念佛所扮演的角色是不容忽视的,而空也的布教因彰显出念佛的初期形态而受瞩目。

本 觉 与 净 土

种 种 信 仰

贵族的信仰及其重要性

　　宽弘四年(1007年),左大臣藤原道长参拜了吉野的金峰山,并奉纳自己亲笔书写的经卷以做供养。收藏当时的经典而埋于土中的经筒等,已在江户时代被发掘,这类珍贵资料传至今日。当时奉纳的经卷计有《法华经》八卷、《无量义经》[2]、《观普贤经》[3]、《阿弥陀经》、《弥勒上生经》[4]、《弥勒下生经》、《弥勒成佛经》、《般若心经》各一卷,总计十五卷。经筒的铭文以面对金峰山修验道的本尊藏王权现[5]起誓的誓愿形式,叙述埋藏各个不同经典所代表的不同意义。依其所述得知,死后往生极乐世界的同时,当弥勒下生为佛时,自己也从极乐世界回到此世,听弥勒佛说《法华经》,并希望能得到成佛的保证。

　　将弥勒信仰、法华信仰,加上修验道的山岳信仰等汇整成为一个信仰,虽然看起来有些贪心,同时也可以一探当时贵族信仰的一角。从摄关

---

　　〔1〕 民间念佛:作为追荐亡者的念佛,一般于葬礼之后或盂兰盆祭时举行的念佛活动。另外,与农耕仪礼结合的念佛,目的是驱除害虫,也是经常举行的活动。又各地有念佛讲的结社、百万遍念佛、双盘念佛、六斋念佛等各种形态的念佛。
　　〔2〕 《无量义经》:一卷,昙摩伽陀耶舍译。一般认为是《法华经》的开经。
　　〔3〕 《观普贤经》:一卷,详细名称为《观普贤菩萨行法经》,昙摩蜜多译。一般认为是《法华经》的结经。
　　〔4〕 《弥勒上生经》《弥勒下生经》《弥勒成佛经》:各一卷,译者分别是沮渠京声、竺法护、鸠摩罗什。三经合称《弥勒三部经》。
　　〔5〕 藏王权现:依后世的传承,可得知役小角于金峰山感得的是背后背负火焰的愤怒形象。

期到院政期间,在对末法的不安中,更倾向这种诸神混合的信仰。除了以上所述之外,还有观音信仰、地藏信仰及以本地垂迹说为主的神祇信仰等亦受到注目。下面简单介绍阿弥陀信仰以外的信仰。

● 弥勒信仰——弥勒菩萨现在在兜率天[1],将继释迦牟尼佛之后,在我们这个世界成佛。因此,弥勒信仰形成二种形态。第一信仰死后往生兜率天,故称弥勒上生信仰。第二是将来弥勒菩萨在此世界成佛时,信仰者将与弥勒佛同时出生在那个理想世界,这是弥勒下生信仰;而从道长的经简可看出其是属后者弥勒下生的信仰。随着末法思想的发展,等待着应该在末法之前会出现的弥勒佛,所以弥勒下生信仰变得较兴盛。

● 地藏信仰——地藏菩萨是《地藏十轮经》[2]、《地藏菩萨本愿经》[3]等经中的主角。地藏菩萨被赋予的使命是在释尊灭后至弥勒出世之间的无佛时代,去救助六道的众生。因为最适合在末法时代发挥其效用,所以在院政期广受信仰。

● 观音信仰——观世音菩萨是《法华经·普门品》[4]中的主角,菩萨以三十三种变化身救助众生,解除他们的困厄。从现世利益的角度来看,自奈良以来广受信仰。而在平安时代,从天台及真言的立场出现了六观音[5]的信仰,同时以三十三变化身为基底,而有西国三十三灵场(圣地)被认定,且圣地巡礼变得很盛行。

● 法华信仰——《法华经》的信仰,一般认为源自天台宗。观音信仰虽然也被含括在广义的法华信仰中,但一般所谓的法华信仰是对《法华经》本身的信仰,主要以经典的读诵、书写为中心。修持这类行门的行者,被称为法华持经者,又以索居山林修苦行为多,所以多与山岳信仰相结合。

---

〔1〕 兜率天是 Tuṣita 的音译。属欲界六种天的第四天,在须弥山的上空,是下一辈子将成为佛的菩萨所住的地方。释迦牟尼佛的前世也曾住在此天。

〔2〕《地藏十轮经》:十卷,玄奘译。

〔3〕《地藏菩萨本愿经》:二卷,实叉难陀译。

〔4〕《普门品》:详称为《观世音菩萨普门品》,《法华经》二十八品中的第二十五品。原本是单独流通的,后来被放入《法华经》。独立流通时用《观音经》之名。

〔5〕 六观音:原本是出自天台系,后来被密教所吸收,台密则分别指圣、十一面、千手、不空羂索、马头、如意轮等六观音。东密则以淮胝菩萨取代不空羂索菩萨。比六尊观音菩萨救度六道的众生。

● 山岳信仰——如同道长也曾参拜一样,吉野的金峰山(御岳)聚集了许多不同的修行者,而广受崇拜及热诚信仰。从金峰山经大峰山到熊野的路程成为修验道的麦加,也受到很多其他在各地的山林中潜心修行的圣者们的信仰。

● 神佛习合——随着本地垂迹说的发展,神被认为是佛为了教化救度日本的众生而暂时化现的。因此,参拜神祇与参拜佛的功能是一样的;代表的是与山岳信仰相结合的熊野信仰。熊野的大权现,被认为是阿弥陀、观音的化身,历代法皇均至此参拜。

以上粗略地介绍了种种信仰。虽然一般认为自摄关末期到院政期之间,只不过是镰仓佛教成立的准备期。但事实上,以末法观为背景,开展了多样的信仰,这在日本宗教史上,是一个极受注目的时代,在思想上也如以下将叙述的一样,是一个应该值得多加关注的发展阶段。

本觉思想的形成

泛神论世界观的形成

本觉思想始于比睿山的天台宗,在院政期到中世纪发展成一个颇具特色的思想。"本觉"一词,原是《大乘起信论》的语词,意思是众生内在所具开悟的本性。这一点虽然与佛性、如来藏等类似,其不同(特征)是与混沌不明状态的"不觉",从不觉逐渐至开始的"始觉",三者是一个组合。

一切众生具有开悟的可能性的想法,开始于印度中期大乘佛教,称之为如来藏思想、佛性思想等。而在日本,因最澄特别以这个观点来对抗南都法相宗的五性各别思想,这是众所周知的议题。这点已经在第二章的"密教与圆教"中讨论过了。这项论争的余波,沿至平安中期,源信的老师良源在"应和宗论"[1]中再度与法相宗辩争。源信也撰写

---

〔1〕 应和宗论:应和三年(963年),于清凉殿的法华会所举行天台宗与法相宗的辩论大会。天台宗由良源等代表,法相宗则以法藏、仲算等代表出席。天台宗主张声闻、缘觉二乘也能成佛,法相宗则持相反意见而展开辩争。

《一乘要决》〔1〕一书,期待解决此一论争问题。然而到了后院期,"本觉"一语取代了"佛性",且逐渐普及,在内容上也完全改变。这到底又是怎么一回事?"本觉"并非只是内在的可能性,它转变成现实中已经开悟的意思。换句话说,众生原本的当下就是开悟的显现,无须再向外求开悟,因此,为了开悟而修行的必要性早已不存在了。而欲依修行而谋求开悟的立场是"始觉门",被认为是较低层次的问题。甚至,不只限于众生的层次上,更广及一切草木国土皆已开悟。这就是所谓的"草木国土悉皆成佛",同时这个理念广受中世的谣曲等所喜爱。

就这样形成极泛神论的世界观。此处想试着从初期的本觉思想的代表文献《三十四箇事书》〔2〕中,列举其表达出本觉思想特征之文句。

云世间相常住者〔3〕,非坚固不动云常住。世间者,无常之义也,差别之义也。无常者无常而不失常住,差别者差别而不失常住。

常住之十界〔4〕全无改,草木是常住也,众生亦常住也。五阴亦常住也。慎思、慎思。

圆教之意者,非云转众生而成佛身,众生者众生如,佛界者佛界如,俱常住与觉也。

本觉思想的影响与陷阱

大体而言,大乘佛教本来就有所谓"烦恼即菩提"、"生死即涅槃"的想法,本觉思想正是发挥这类思想之极致,这是极有趣的。被我们认为是无聊的、无价值的日常生活中的一切,如果都是开悟的,都是佛的显现的话,那是多么的殊胜。眼睛所见的一草一木,耳朵所闻虫鸣鸟叫等,无一

〔1〕《一乘要决》:三卷,成立于宽弘三年(1006年)。由八章组成,从一乘说的立场来谈论佛性说,批判法相宗的五性各别说。
〔2〕《三十四箇事书》:一卷,刊本名之为《枕双纸》,写本则现存于金泽文库。《枕双纸》将作者归于源信,但事实上其成立于院政期左右。记载着三十四条的口传。收录于《天台本觉论》(日本思想大系)。
〔3〕世间相常住:《法华经·方便品》的用语。原本是指佛的教义的永远性,被解释为世俗的形态就是永远(常住)。为本觉思想所重视。
〔4〕十界:在六界(同六道)之上,加入声闻界、缘觉界、菩萨界、佛界。

不是佛。尊崇自然、本来原貌的想法,是日本人所喜好的本觉思想,好像跨出了佛教的框框,触角从中世的文学、美术、艺术到神道的思想,所到之处,无不受其影响。

但是,另外却形成了所谓的不需修行,凡夫只要维持其原有的凡夫之身即可。若果真如此,那就陷入极安逸的现实肯定,不得不说这是一种危险思想;这点与前面已经提过的《末法灯明记》有相通之处。《末法灯明记》在广义上,也有此类本觉思想。如前所述,《末法灯明记》的此类思想,支持教团为自己的堕落现状辩护,而镰仓时代的改革派、新佛教的创唱者均是踏在批判此本觉思想之上而展开的新形式。

另外,在传承上则认为这样的本觉思想开始于源信。据说,源信的师父良源将“本觉门”传给源信,另外传“始觉门”给另一位弟子——檀那院觉运。当然,这样的传承之说并不是事实。事实上,中世的天台宗分惠心流与檀那流二派,并以“口传”形式传了下来。所谓的秘密口传的传承方法也广见于中世的一般文化。

本觉思想与净土教

院政期虽如前所述是种种信仰开花的时代,而在诸信仰中,开展出有思想性发展的是净土教的信仰。在那个时代净土教不仅盛行于比睿山的天台宗,更扩展至南都的三论宗、高野山的真言宗等各宗派,例如三论宗的永观[1](1033—1111 年)自称是“念佛宗”,弘扬称名念佛,也给了法然很大的启示。但那个时代在理论上受到注目的是与本觉思想相关联的净土教思想。按本觉思想之说,这个现实世界的现状就是开悟的世界,并非离此世界别有净土。因此,“己心净土”、“己心弥陀”等,强调阿弥陀佛的绝对性,甚至因受到密教的影响,而有主张阿弥陀佛与大日如来的同一性。阿弥陀佛这个名号也并非只是名称而已,名号内含藏有“空、假、中”所谓的天台三根本的绝对原理,因此,认为称念阿弥陀佛的名号,就能产

---

〔1〕永观:原本隐遁于光明山寺,后出任东大寺的别当之职。著有《往生拾因》、《往生讲式》等,弘扬念佛。

生绝大的功德,这样的想法,也成为称名念佛的理论根据。

在这样的天台系净土教中弘扬念佛而受瞩目的是大原的良忍(1072—1132年)。良忍从一即一切的立场倡导"一人念佛融通一切人"的观点,被后人尊为融通念佛宗[1]之祖。据传是良忍的法语——"一人一切人,一切人一人,一行一切行,一切行一行"的偈语,也可以看出这是本觉思想式的净土教文献。

当时净土教的流行也影响了真言宗,产生寻求密教与净土教融合的倾向,这也与本觉思想有密切关联。当时的代表者觉鑁[2]站在阿弥陀佛与大日如来同一的立场上,主张大日如来的净土正是除此世界别无他处的密严净土[3],此密严净土才是真正的净土。觉鑁得到鸟羽上皇的援助,计划复兴高野山,反招来反对,遂离开高野山驻锡根来。这个流派成为后来的新义真言宗[4],直至今日仍然存在。

像这样,本觉思想带来的影响非常大,长时间以来被视为异端,又因为是以口传形式传下来的,所以在文献的整理上有所不足,解明也较晚,期待今后的研究进展。另外,有关本觉思想将在下一节的"本觉思想"中更详细来讨论。

〔1〕 融通念佛宗:由元享年间(1321—1324年)的法明,元禄年间(1688—1704年)的大通所中兴。本山是大念佛寺(位在大阪市平野区)。
〔2〕 觉鑁:谥号兴教大师。著有《五轮九字明秘密释》等。
〔3〕 密严净土:大日如来的净土。依觉鑁等的主张,借三密行可即身进入此密严净土。
〔4〕 新义真言宗:后由赖瑜(1226—1304年)确立其教理。江户时代初期分为二派,即以京都智积院为主的智山派,与奈良长谷寺为主的丰山派。另与新义真言宗相对的,高野山的系统则被称为古义真言宗。

附录二　本　觉　思　想

变化无常才是最美好的

　　若无常野的露珠不消，鸟部山的云烟常住，而人生于世亦得不老不死，那么万物的情趣安在？正因为世间万物无常，唯此才是妙事啊。

　　这是《徒然草》第七段的开头非常有名的一段文字，虽然感觉还不错，却对一向令人伤感"无常"的价值观，做出大胆的挑战。若从佛教思想的观点来看，无常是应该被克服的对象，不该积极地去认同。然而上揭之文，却作了一百八十度的大转变。而且这样的想法并不局限在少数性格乖僻的中世隐者的专断上，它超越了时代而被许许多多的日本人所喜爱，感同身受。几乎可以说是日本人典型的人间观之一。

　　像这样肯定无常的背景，应该有很多吧！其中之一就如同《徒然草》所说："万物因季节变化而无不具有各自之情趣"（第十九段）去感受与时俱进的自然的四季运转，去深思一个"情趣"场景与自然观的关系。岛国的日本在自然方面不像大陆那样严峻，毋宁说四季应时变化之美是岛国人民所期待的，人世生死的无常也如自然变化的一部分般地被接纳、肯定吧！

　　这样的自然观，其具体表现如下。

花盛开而月朗照,人之所能观赏者仅限于此乎? 对雨恋月,垂帘闭居而不知春归何处,犹富于情趣也。含苞待放之树梢,满地落花之庭院,可观赏之处正多。歌之小序中有云:"欲前往赏花而花已散落"。又云:"因故作罢"。如此等语怎会不如"赏花"之语耶? 惋惜花散月斜,本人之常情。然"此枝彼枝之花均已散落,今已无可观赏也"等语,唯俗物始有之。(第百三十七段)

花散、月斜——因为这里面仍发现有新的自然,所以自然中,没有一样东西是应该被舍弃的吧。

即使草木也能成佛

这样的自然观,更进一步用佛教语言来表达的话,是草木成佛的思想。这是主张即使是自然存在的草木也和人或其他众生一样可以成佛的想法。在这样的思想下,以同样的标准来看自然与人,甚至将自然拉近到人的角度来,视之为有"心"的东西。这也是中世的文艺中极频繁出现的,下面将引用所谓的金春禅竹之作的谣曲——《芭蕉》。

地点是山中荒芜的小庵中,为回应独居僧人的读经,每夜均有一女性出现听经。从对此深感不解的僧人的问话中,可知她是院中芭蕉的精灵。在起舞礼赞了草木也能成佛的佛教教义后,女性就消踪匿迹了。之后,只剩下枯寂的秋景与破裂的芭蕉叶。大致是这样的一个故事。

几乎可以说冷飕飕的、枯寂的秋天,完全浓缩在一株芭蕉树上,那是由一位舞着"序之舞"的美妙女性的形象,来象征无尽的感性,而支持这样的想法的是草木成佛的思想。

（配角）:"你可曾好好听闻乎? 即使只是一念随喜[1]的信;即使是一切非情草木之类也可,何须疑乎?"

（主角）:"若果真如此,那真是感谢万分。此草木成佛的因,请开示。"

---

[1] 一念随喜:听了佛的教义,随即很欢喜而生起信心。《法华经·法师品》中说:即使只听到了《法华》的一偈一句而能兴起一念随喜的心的话,就与成佛接上关系。

（配角）："《药草喻品》〔1〕中,草木国土有情无情,皆诸法
实相。"

（主角）："山岚如何?"

（配角）："山谷之水声。"

（主角）："行佛事,或寺井之底,心亦有澄清之时。"

（配角）："……柳绿、花红是众所知,唯其原有之色香草木也是
成佛之国土,应是成佛之国土。"

"唯其原有之色香草木",原原本本就是成佛的世界。晚秋极枯寂的
山中,风吹在破裂的芭蕉叶上所发出的音声,与闪闪发光的佛净土是没什
么差异的。

当然,这样的草木成佛思想,并不是产自文艺作品,而是文艺作品采
用了在佛教中形成的思想。而将这种思想表达得最淋漓尽致的是佛教的
论书——《草木发心修行成佛记》〔2〕。此书是平安中期的天台学者檀那
院觉运(953—1007年)提问,其师良源(912—985年)所答的形式,是一
篇极短的文章。而其中心思想则可归于"草木既具生住异灭四相,是则
草木发心、修行、菩提、涅槃之姿也"。"生住异灭"者,即是从出生到维持
生的状态到变化到灭去的万物所共通之变化法则。从植物的生态来看,
则是从发芽到叶茂到开花或结果到枯凋等过程。其自然的生长循环,就
是草木朝向佛道、发心、修行、开悟而进入涅槃之姿。草木成佛到底是怎
么一回事? 实在发人深省。并没有什么特别,只是原原本本自然运转,可
以说是具原本面貌之主义,自然所成之主义。

事实上,《草木发心修行成佛记》是假觉运、良源师徒之名的伪作,成
立时代较前述时间晚些,或许是院政期以后的作品。到了中世,同样的思
想在天台的种种文献中亦可看到。如前述本觉思想亦影响到文艺等诸多

---

〔1〕 《药草喻品》:《法华经》二十八品中的第五品中,谈到三草二木之喻。虽然同样
接受了佛的教义,因众生的素质、能力有所不同而有不同的开悟。这犹如虽然淋到同样的
雨,大、中、小的三草,与大小二木的吸收生长却不同。

〔2〕 《草木发心修行成佛记》:一卷,收于《天台小部集释》、《大日本佛教全书》。

方面。那么,可以说草木成佛之说就成立于这个时代吗? 这也未必然,其由来应更早,只是在内容上并不是那样极端。有关这点,让我们来简单回顾一下。

中国的草木成佛论与在日本的发展

在印度即使同样是生命体,轮回于六道的众生与植物是截然不同的,具有开悟可能性的只有前者,所以草木成佛几乎是不被承认的。草木成佛成为议论的问题,是在佛教传入中国之后。而最早提出这个主张的可能是三论宗吉藏(549—623 年)的《大乘玄论》[1]。其后,华严、天台、禅等都广泛地谈论了草木成佛,到了唐代的佛教,则已经成为大家所熟悉的议题。其中影响日本最大的是天台的六祖湛然(711—782 年)的《金錍论》[2]。

此处虽然无法深入讨论这个复杂的议题,但总而言之,在中国草木成佛的论据是,从众生与草木的相互关联性,或从“空”的绝对立场上来看两者的同质性。例如,众生是在这个世界中处于主体性存在的角色(正报),相对的,草木等则是形成众生活动的环境世界(依报),因为两者被视为是不二一体的(依正不二),所以从众生如果成佛草木也成佛的论点,或三界唯心[3]的立场来思考,那么,因为外界是由众生的心所造,众生如果成佛,成为心的对象的草木也能成佛的议题即告成立。或从佛教的绝对立场来看,全世界都是平等的真理本身,因此,若立于众生与草木没有区别的立场,可说是草木成佛。前面的《芭蕉》文中所提到的“草木国土,有情非情,皆诸法实相”,可以说就是基于这样的立场。

面对来自中国的这类议题,在日本有照单全收的,同时也有使其更进一步发展的。《草木发心修行成佛记》等可以看到的说法,即离开与众生

---

〔1〕《大乘玄论》:五卷,对大乘佛教的主要论题,从三论教学的立场来讨论。
〔2〕《金錍论》:一卷,以回答野客之问的形式写成,讨论非情也有心性等问题。
〔3〕 三界唯心:三界指的是欲界、色界、无色界,是这个世界的总称。认为世界是由众生的心所造成,可见于《法严经》。原本是从确立主体的观点到重视心,而逐渐被理解成唯心论。

的关系,或空的绝对立场,一株株的草或木,各自在其自体上成佛。这样
的观点可以看到以佛为绝对立场的前提的角度变得极弱。所谓的平等的
真理,不是抽象性的层次,是个别的、具体的,这个现象世界的一一事物的
相貌就是开悟的显现,这样的想法变得越来越强。草木成佛的想法大约
萌芽于平安期的安然的时代,再经由像《草木发心修行》等类的书,使这
样的思想更发展,乃至完成。

　　肯定现有的具体的现象世界就是开悟世界,这种想法事实上是不限
于草木的成佛,而是有一个更大的空间;在从古代末期到中世期间的日本
天台宗里得到大肆发展期间,乃至不仅在天台宗,更扩展至佛教界全体,
甚至到文学、艺术等多方面。这些都被称为本觉思想,草木成佛只是其中
的一部分而已。只是,如果贸然地就谈起本觉思想,因为太过抽象,反而
变得令人难以理解,所以先以具体的草木成佛为例来讨论。下面则移至
本觉思想本身来讨论。首先,本觉思想是什么? 是如何形成的? 又如何
发展? 下面概观之。

被忽略的思想——迟缓的研究

　　最近,本觉思想的称呼变得非常流行,不仅是佛教的研究者,也受到
一般知识分子、文学研究者的青睐。如前述一般,只是一项草木成佛论,
其影响所及已非常广远。这一个长久以来被忽视的思想,开始受到重视
是令人兴奋的,但也因其长久以来被忽视,专家们的研究可以说非常的落
后、迟缓,且研究本身的困难度也不小。该阶段因为太过于夸大"本觉思
想",所以不论什么都想以本觉思想来讨论,实际上这是很牵强无理的,
更何况,毫无批判性地去赞美现实肯定主义是非常危险的[1]。

　　原本本觉思想这个称呼,未必是一个大家所熟悉的术语。虽然本觉
门或本觉法门的称呼是自古以来就有的说法,但本觉思想一语是到了近
代才出现。或许这个用语是由首次指出本觉思想在近代展露曙光之重要

　　〔1〕 袴谷宪昭的《本觉思想批判》(大藏出版,1989)批判这样的动向,甚至主张本觉
思想非佛教,而是一种土著性的思想,并提出这类问题来。

性的岛地大等[1](1875—1927 年)所提出。最近则可能因《日本思想大系》(岩波书店)的第九卷《天台本觉论》[2]的出版,使本觉思想一语更广为人所知。

经过这样的过程,到了现在本觉思想一语已经确定下来。虽然如此,内含之定义并未被严谨规定,而落入暧昧不明的结果。狭义面上来说,"天台本觉思想"在日本的天台宗中,从古代末期到近世初期以来,站在一个主流倾向的地位,即如前所述,肯定具体的现象世界就是开悟的世界。但是这样的动向并不限于天台宗,同时期的其他宗派也可以看得到这类思想。甚至可以说,这个思想是从中国到日本的佛教中逐渐发展衍生而来的东西,所以被名之为本觉思想的内涵就包括很多了。"本觉"一语,最初出现于《大乘起信论》,前面所述受《大乘起信论》的影响也很大。

然而,若肯定现象的世界就是开悟世界,不就没有必要特地去修行以求开悟了吗? 这样的想法,在宗教的立场上,容易陷入堕落。事实上,从这一点来看,近世以后本觉思想受到批判,也因此,研究大幅落后。另外,"本觉"的想法,在原有的印度佛教是没有的,也可以说它有异端的性质。因此,有必要先了解本觉思想在佛教史中是如何形成的,是站在什么样的位置。

佛教的真理观

佛教思想的一大特征在缘起。缘起者,一切现象世界的事物,由种种的原因、条件聚集而成。正因如此,一切万物不停地在转变;这被称为无常。像这样万物都在变化中,依缘起而成立。换一个相反的角度来看,没有任何东西或事物是能不依他而存在,或能永远存在。这种不依他而自存、永远存在的概念,哲学的用语称之为实体。因此,缘起的原理实体是

---

〔1〕 岛地大等:明治、大正期的佛教学者。出生于新潟县,是净土真宗的出家人,亦是活跃于明治维新期的岛地默雷的养子。在东京大学及其他地方任教,特别是在日本佛教教理方面留下开先锋的卓著业绩。著书有《日本佛教教学史》等。
〔2〕 多田、大久保、田村、浅井校注《天台本觉论》(日本思想大系,1973)。

不存在的,也就是无实体。又印度哲学的用语对这样的实体称为"我"(ātman),缘起的原理是否定我的,这也称为"无我"(unātman)原理。大乘佛教所主张的"空"(śūnya),基本上是相同原理。

若立于缘起、无实体的原理上,基本上是否定离开现象世界有其他真实世界的存在;这点与西洋哲学相比较是最清楚的。实体主义的最典型例子可从柏拉图的理念中看出,据柏拉图理念的主张,我们看到的现象世界,好像是理念的真实世界的影子一般,理念的世界是感觉所无法捕捉的世界,以神为完全的存在。而我们所处的这个世界为不完全存在的基督教哲学,或以梵(brahman)为绝对的吠檀多(vedānta)[1]哲学一样是站在实体主义的立场。与此相对的,佛教不承认现象世界以外另有其他世界存在,但并不同于视现象世界中有实体存在的唯物主义。

因此,佛教的立场不会因为开悟了,而另有一个现象世界之外的真理世界。正确地认识此现象世界的法则性,即除了正确认识缘起的原理之外,别无开悟。只是凡夫由于烦恼,致使认识此事实之眼蒙上翳云,所以拂去烦恼乌云,朝向正确认识而努力修行是有必要的。因此,所谓的开悟并不是转移至其他次元,而是对此世界认识的转换,所以可以说不是存在论,而是认识论的问题。可知,佛教并不是完全地否定现象世界,这一点从初期的佛教到本觉思想为止是一贯的。

那么,不同点又在哪里呢? 第一,最初的佛教是以缘起的法则性来看这个世界,稍后的大乘佛教则认为这个世界的整体性是空、真如、诸法宝相等,虽然否定其自身的实体性,却也认为应该有某一能体验的对象。从这样的立场来看,变成肯定这个现象世界的原貌就是真理的世界。本觉思想常喜欢讲的,所谓生死即涅槃、烦恼即菩提等,早已在本觉思想之前的大乘佛教中被主张。若从佛开悟的立场上来看,因为这个现象世界的整体被肯定,因此废除生死与涅槃、烦恼与菩提的对立观念。

─────────────

〔1〕 吠檀多哲学:印度六派哲学之一。继承吠陀、优婆尼沙流派,是最正统的一派。即使在今日的印度也拥有最大势力。主张世界的根源──梵,与个人的灵魂──我是一致。

但是,前述的"即"的情形,与本觉思想仍有间隔,也就是说生死即涅槃、烦恼即菩提等,毕竟是站在佛、开悟者的立场上说的,因为凡夫是无法直接地去肯定生死或烦恼的。而达到开悟需要在数不尽的轮回中长时间艰辛地修行。而本觉思想则压缩了凡夫与佛的距离成为零,认为修行是不需要的,完完全全地肯定凡夫的现状,肯定现象的世界。

如来藏、佛性思想的开展与"本觉"

在缩短凡夫与佛的距离这一点上,担当重要使命的是如来藏、佛性的思想。如来藏与佛性在意义上是相同的,也就是众生的内在具有成佛的可能性。最初的佛教是没有这样的想法的,如前所述,已开悟的佛与凡夫的距离是极大的,虽然持续地修行终将达到开悟,但是在达到目的之前,也有可能会迷失修行的目的。因此,为了连接凡夫与佛,建构了如来藏、佛性的思想。也就是说,因为凡夫的内在中,含藏着佛的性质,所以最重要的是拂去烦恼云,使内在佛性显现出来即可。凡夫内在的佛性,不会因为长时间的修行而丧失,所以也不用不安。这个思想在印度或西藏的大乘佛教中,虽然没有变成主流,但在中国、日本几乎所有的佛教思想都是在这个思想上建构的。在日本,最澄站在佛性思想的立场,与法相宗德一论争的经纬,已经在第二章"密教与圆教"中论述过了。在印度虽然多数用"如来藏"的用语,在中国与日本则喜爱"佛性"的用语。

佛性思想本身虽然源自印度,在传到中国、日本后,则更加开展起来。其一就是从凡夫到佛之间的距离缩短的倾向。因此,主张在现世中能达到佛的开悟,例如密教的即身成佛、禅宗的顿悟[1],又将佛性的持有者从众生扩及草木成佛,每一项都是拉近佛(觉悟)与众生的关系。在这样的动向中,因受《大乘起信论》的影响,"本觉"的概念被大大地宣传。

《大乘起信论》是一、二世纪左右,印度的佛教诗人马鸣所撰,真谛

---

〔1〕 顿悟:阶段性的开悟称渐悟,相对的在一时之间悟尽一切的真理是顿悟。最初是鸠摩罗什的门下道生所主张,这与后来的禅宗所主张的顿悟有些许不同。在禅宗方面,后来成为主流的南宗系主张顿悟,北宗系的禅则主张渐悟。

（499—569 年）所译。其成立年代是不需追溯到真谛译的时代,也有人认为该书或许是在中国成立的。该书从"心真如"与"心生灭"两方面来分析众生的心;心真如是从佛的绝对立场上来看,心生灭则属于沾满日常性烦恼的迷失之心。本觉是在分析心生灭的时候出现的,因此对照觉与不觉,更进一步的觉又被设定本觉与始觉之分。图示如下:

本觉是迷心的内在觉悟,同时也是被视为目标的悟,从不觉流向本觉的活动被称为始觉。

如此,本觉被用在分析本来就被烦恼所染的迷惑的众生的心,与不觉、始觉组成一组的概念。然而,在从中国到日本的开展中,关于本觉的性格,一方面说它存在迷惑内心的性格,另一方面说它是绝对真理,也就是心真如的性格。以本觉的概念为媒介,联结了佛的绝对立场与凡夫迷的立场。这样的思维趋势虽然开始于中国的唐代,但被带入日本后发展成天台的本觉思想。前面言及的本觉门、本觉法门等,就是在这样的立场上取的名称。当时,本觉门经常与始觉门成对地被介绍,本觉门是站在不需修行的立场,始觉门则认为从迷向悟的修行是必要的。从本觉门的立场上来看,始觉门是属于较低的次元。

借由口传法门而发展

以上,虽然是有些抽象且繁杂的议论,然而大致可以掌握作为佛教思想之一的本觉思想的地位及其特征。接下来终于可开始讨论日本的天台本觉思想的开展。

据中世的天台传承,最澄留学中国时,跟随道邃、行满二师学习天台法门,跟行满学始觉门、随道邃学习本觉门。其后,一直到平安中期的良源为止,均是同时传弘本觉门与始觉门的,再到良源的门下,惠心院源信传扬本觉门,檀那院觉运传扬始觉门,从此形成惠心流与檀那流两个口传法门,即所谓的惠、檀二流。当然,这些说法都是完全没有根据的,是后人所捏造的,但无论如何中世的天台本觉思想是在这样的口传法门中发展起来的。虽然口传法门中,分惠、檀二流是事实,但其成立时间最早不会早于院政时期,所以溯源至源信或觉运是不可能的,又也不应该说惠心流是本觉门,檀那流是始觉门,因为檀那流的本觉门倾向也蛮强的。

然而,所谓的口传法门是借由师父给弟子的秘密口传而传下来的。所以,不只是佛教,中世的技艺等也可以看出此倾向。基于真理无法用言语来表达,只有达到某一境界的人,才能从老师那里直接领受到口传内容的思想,这样的思想恐怕是受到密教或禅宗的影响。因为这样的原因,口传法门的内容很难被文章化,即使是被文章化也是在较晚近,以片断的"切纸"〔1〕形式流传下来,在内容上也是较难懂的。且关于成立的诸多问题,仍像是被包在迷雾中一般。虽然假最澄及惠檀二祖的源信、觉运等之名所造的文献很多,然实际考察而能追溯到他们时代的作品是没有的;前述《草木发心修行成佛记》也属这一种文献。天台本觉思想的研究之所以较落后,这也是理由之一。即使到了现在,这些文献是在什么时候成立的,其说法也是众说纷纭的,这点唯有待以后的研究。

本门、观心的重视——天台本觉思想的特征

天台本觉思想的特征在哪里?首先最受瞩目的是其与本门思想相结合这一点上。本门思想和《法华经》的解释相关联的,即《法华经》的前半为垂迹,后半为本门。垂迹者,三乘(声闻乘、缘觉乘、菩萨乘)归于唯一的佛乘。虽然叙述了佛教的统一理想,但如此的理念是设定在历史上的佛陀。与此相对的,进入本门后主张历史上的佛陀实际上只是一种方便的存在,真实的佛陀是在很久很久以前就已经成佛的根本佛陀(久远

---

〔1〕 切纸:将奉书纸对折撕成两半,把传授的口传内容写在上面。不仅是天台的本觉法门,密教与禅、修验道等,从中世到近世经常可见。甚至不只是佛教,艺能或武艺的执照,也是采这种形式的。

实佛）。

中国的天台,对垂迹及本门等视其价值,而日本的天台则认为本门才是究竟的真理,垂迹则属较低次元的教义。垂迹是理的立场,也就是抽象的真理性的阶段,与此相比,本门则是事的立场,也就是具体的事实性的阶段。和所谓的事常住、事实相等一样,不外是现象世界的具体性事实本身就是永远的真理,即本觉思想。此重视本门的思想,带给日莲很大的影响。日莲所立的三大秘法,即是本门的本尊、本门的题目、本门的戒檀。《南无妙法莲华经》——所谓的经题,正是日莲所谓的"题目",而且本门的精华就含藏在经题里。

接着要注意的是,重视观心的问题。观心者,如字面所显示的,即观想心。天台宗原本就是重视心的观想的。在止观中,"止"是让心的纷杂繁多活动静止下来,"观"则是在平静的状态下,观想自心的种种状态。而其主张的中心则是一心三观、一念三千等。所谓的一心三观,则是观想心包含着空、假、中三个根本真理(三谛),一念三千则是观想在一念(心的一点点功用)中,包含着三千(世界的所有形形色色)。像这样,即使是中国的天台也主张在凡夫的心中包含一切真理的想法。而日本的天台则更进一步地主张天真独朗的止观,也就是观得凡夫寻常的心就是真实(天真),闪耀着不为其他所污染的开悟(独朗)的状态;这仍旧是本觉思想的表现。

如此重视本门及观心的情况下,产生了日本天台独自的教判。所谓的教判(教相判释),是对包含佛典在内的种种教义有系统地给予价值判断。而日本天台的教判称为四重兴废,即尔前→垂迹→本门→观心的顺序,逐渐地前者被废弃后,后者成立。所谓的尔前,是指《法华经》之前的诸教义的总称;在尔前之后,建立垂迹;接着是本门,然后最后的观心被赋予最高的价值。尔前到本门的阶段,是用语言表现在经典中,而观心被放在最高价值的阶段,是因为最终的真理是无法用言语来表现。这样的主张与口传主义相结合,可从中看出与禅宗主张的"不立文字"或"应以心传心"相关联的味道。

体系化的本觉思想——三重七个大事

到了镰仓时代，天台本觉门的口传法门逐渐被整理出来，被体系化。特别是惠心流的"三重七个大事"最具概括性、具代表性。所谓的七个，是一心三观、心境义、止观大旨、法华深义的广传四个，再加上从法华深义中取出圆教三身、常寂光土义、莲花因果的略传三个，一共七个。此七个大事遍及教、行、证三重而被传授。谈到教、行、证，脑中马上浮现的是亲鸾的主著《教行信证》。也就是《显净土真实教行证文类》一书，很明显地受到教、行、证三重的体系所影响。

在此略述"七个大事"：

1. 一心三观——有关一心三观之义，虽然前已略述，而在口传法门上，分境（对象界）的一心三谛与智（主体）的一心三观。前者是迹门，后者是本门，而在最终点则是肯定智的一心三观，即是肯定凡夫的日常心。

2. 心境义——说的是一念三千。一念三千，虽然也如前所述，而这里所说的是心、智（主体）与境界（对象）是未分一体的天真独朗的一念三千。

3. 止观大旨——止观的根本是超越以语言表达教义（宗教），即是用言语无法表现的真理，而且是天真独朗的止观。

4. 法华深义——天台大师智顗对《法华经》所领悟的境界，略传三个是详说此法华深义的内容。

5. 圆教三身——三身是佛身的三种状态，即法身（真理本身）、报身（觉悟的结果所得之身）、应身（为救众生而暂时出现的身）。圆教（究竟圆满的教义）立无作三身之说。所谓的无作的三身，是不添加任何作为的、自自然然的众生的本来面貌。

6. 常寂光义——常寂光土是佛的最高净土，而这个现象世界就是常寂光土。

7. 莲华因果——莲华是华与果实同时存在，所以意味着因与果的同时性,也就是说身为因的众生与身为果的佛是同时一体的。

如上所述,"七个大事"的任何一项,都是非常明显地表现出,从本来面貌的现象世界、本来面貌的凡夫为佛;同时也表现出,视此等为悟的世界的本觉思想。

对思想文化的影响

如上所述形成的本觉思想,到了近世受到批评而衰退,长时间以来,经过种种的波折,同时也留下很大的影响。关于这些前面已略言及,接下来的其他章节中也将会触及。最后在此简单归纳如下:

● 镰仓佛教——镰仓佛教的中心,一向被视为是新佛教,最近的倾向,则开始注意起旧佛教。又当时被视为是旧佛教理论的本觉思想,将在第四章"镰仓佛教的诸相"中讨论。且如前所举的日莲、亲鸾的例子,也带给新佛教很大的影响。但本觉思想如前所述,否定修行等与堕落挂钩的因素有很多。对于这一点,早在平安末期的证真的《三大部私记》[1]、镰仓期道元的《正法眼藏》[2]等,均对之提出严厉的批判。从某一方面来说,新佛教可以说从批评本觉思想而逐渐形成。

● 神道理论、修验道——本觉思想的演变中,印度的佛到了日本则偏向于酝酿成救助众生的神,并被赋予正面价值的评价。从这样的演变逐渐形成神道的独立,因此,本觉思想也对神道理论的形成有很大的影响。另外,以和大自然合为一体为目标的修验道也在整理其理论时,受到以自然为究竟的佛世界的本觉思想所影响。有关这一点将在第六章"神与佛"中讨论。

● 文学、艺能——前面已略提及"草木成佛"的思想所造成的影响,这个思想当然也影响了花道与茶道。此外,从中世甚至到近世,本觉思想

〔1〕《三大部私记》:天台三大部(《法华玄义》、《法华文句》、《摩诃止观》)的详细注释书。虽然作者证真(宝地房证真)的生平不详,但其严谨的文献学式的研究态度,得到很高的评价。

〔2〕《正法眼藏》:有六十卷本、九十五卷本等各种形式的本子。以道元自己所编的七十五卷本、十二卷本为蓝本。宽喜三年(1231年)以后,一直到最晚年,道元持续不断所写的东西,是日本最早以和文书写的真正佛教思想书。

也影响了种种文艺,老实说纵使到现在也还无法掌握其全貌。例如,拿口传这一个方法来看,当然这虽然不是单方面的影响,但却是本觉思想与中世的技艺之道的共通点。

● 与近世思想的关系——近世的思想否定中世的佛教等宗教的世界观,确立了以人为中心的现世主义的世界观。而本觉思想重视现象世界、重视凡夫的日常性特点,可能是使其平稳地转向近世思想的原因之一。与形成独立的神道理论时的情况相同,本觉思想作为佛教思想已经走到山穷水尽,自己崩坏的同时,成为能产生新思想的媒介。

第四章　镰仓佛教的诸相

该如何看镰仓佛教

充满世俗味的《叹异抄》的魅力

　　仔细想来,在日本众多佛典中,像《叹异抄》[1]那样受到众人喜爱,而有那么大影响力的几乎没有。例如,该书第三十一段,在开头竟然地写着"善人尚且得以往生,何况恶人哉",在这令人感到错愕,看似违背常理的说法之后,马上又谆谆教诲地写道:"我等具足烦恼的凡夫,不管修任何行,都不可能脱离生死。怜悯(我等)而立誓愿的弥陀的本意,实在是为了令恶人能成佛。因此,相信他力正是恶人的往生正因。"当你感叹原来如此,而点头认同时,已感受到其深入人性的洞察力,及令人难以拒绝的魅力。

　　谈到佛教,常常令人联想到是一种艰深理论,或是认为开悟高僧的世

---

　　[1]　《叹异抄》:一卷,常陆(茨城县)河和田的唯圆笔录亲鸾的语录,共有十八条。亲鸾死后二十年,出现种种令人慨叹的异说,唯圆则记下所见所闻。莲如书写本现存藏于西本愿寺。

界,是与我等凡夫无缘的东西。然而,《叹异抄》的确从正面接纳充满世俗、烦恼的我等凡夫,似乎与凡夫一起为求得救助而烦恼着一样。这正是亲鸾魅力之所在,同时也是引用这句话的唯圆认真求道之缘由。第九章中,描述虽然念着佛,却生不起踊跃欢喜[1]之心的唯圆,忧心地向亲鸾请示为什么,还有第十三章中唯圆被亲鸾逼问道:"若杀千人则得以往生,那么要杀吗?"而认真思索;这些均十分贴切地令人感受到师徒温馨的交心及对话。

如果认为充满魅力的《叹异抄》自撰写以来,就备受欢迎的话,那是大错特错。实际上,在江户时代中期,虽然有少部分的学僧讲授此书,并作注释,但在此之前,净土真宗的中兴之祖莲如将此书列为禁书。此书开始广为众人所熟悉且爱读,事实上得等到明治末年清泽满之[2](1863—1903年)等的再发现。身为真宗大谷派的僧侣且学习西洋哲学的清泽,在深自反省之后,深深爱读的是《阿含经》、爱比克泰德(Epictetus)的《语录》以及《叹异抄》,并发起"精神主义"[3]运动,而产生很大的影响。《叹异抄》是由清泽的弟子们弘扬开来的,到了大正时期,因作家仓田百三[4](1891—1943年)的《出家与其弟子》(1916年)一书,而确立其定位。

近代的自我与新佛教的再评价

从《叹异抄》到了近代受重视这点上看来,可以找出今日镰仓佛教观的典型。现在,我们一提到日本的佛教,首先浮现脑海的是镰仓新佛教,而且首先出现的还是亲鸾、道元、日莲等人物。尊他们为开祖的各宗,其

---

〔1〕 踊跃欢喜:欢喜地舞蹈,正是欢喜信受教义的精神状态。
〔2〕 清泽满之:净土宗大谷派的人。出身尾张,在东京大学攻读哲学,并策划佛教思想近代化的改革。
〔3〕 精神主义:宗门改革失败后,在家庭的不幸与病魔缠身中,清泽满之站在"宗教是主观的事实"的立场,借信仰为主的内观来克服现世主义。1900年创"浩浩洞"培养门人的同时,翌年发行杂志——《精神界》。
〔4〕 仓田百三:作家。出身广岛县,作品主要描述现代人的苦闷与宗教的救助。其经典名著《出家とその弟子》,是描述晚年的亲鸾与儿子善鸾、弟子唯圆等交往情形的戏曲,广受喜爱。

自中世末期以来,确实逐渐拥有很大的势力,而且一直持续到今天。但是,他们受到关注的原因绝不只是宗派的势力。当然,这一点也是不容忽视的,又江户末期真宗出现了所谓妙好人〔1〕之类具高度信仰心的人,也是不争的事实。

但这里要注意的是像清泽满之那样,因接触了西洋文化,而在近代自我确立的过程中,对新佛教祖师们的思想有了新的发现;也就是从近代个人的宗教体验来重新检视镰仓新佛教。《叹异抄》的再度受瞩目,就是此事的一个象征。这样的例子并不只有亲鸾,在其他新佛教祖师的身上也是适用的。例如,明治以后,日莲的影响力是远远超过亲鸾的。从田中智学〔2〕、高山樗牛〔3〕、姊崎正治〔4〕,到北一辉〔5〕、宫泽贤治〔6〕等都是有个性的信仰者。对道元的新信仰虽然较迟一点,和辻哲郎〔7〕、田边元〔8〕等则从哲学、思想方面去注意。这些知识分子的评价,也逐渐在一般民众中有了定位,同时也对教团的近代化产生了巨大的影响力。

对镰仓新佛教的再评估,也反映在历史学者的研究上。最早以新的视点重新评估镰仓新佛教的历史研究,则以原胜郎的《东西的宗教改革》〔9〕(1911年)最有名。如标题所示,镰仓新佛教经常被拿来与西洋的宗教改革做比对。实际上亲鸾以信仰为主的立场,否定出家主义等,与马丁路德(1483—1548年;德国宗教改革者)的新教主义有相通之处。当然在中世形成期的镰仓新佛教和为中世的终末划上句点的西洋宗教改革,无法并列讨论的地方很多。纵使如此,两者被凑在一起做比较,几乎

---

〔1〕　妙好人:净土真宗里信仰淳厚的人。虽然语出《观无量寿经》,江户时代末期《妙好人传》刊行以来,"妙好人"一语变成专指真宗的模范信徒。参照125至127页。
〔2〕　田中智学:1861—1939年。组织国柱会,鼓吹日莲主义。
〔3〕　高山樗牛:1871—1902年。评论家。主张日本主义,晚年倾向日莲主义。
〔4〕　姊崎正治:1873—1949年。宗教学者、东京帝国大学教授。著有《法华经的行者日莲》等。
〔5〕　北一辉:1883—1937年。超国家主义的思想家,因二·二六事件被处极刑。
〔6〕　宫泽贤治:1896—1933年。诗人、童话作家。以特异的法华经信仰而为人所知。
〔7〕　和辻哲郎:1889—1960年。哲学家、东京大学教授。写有关于日本文化史、佛教思想相关的著作很多。其中有关道元的著作是《沙门道元》(1936)。
〔8〕　田边元:1885—1962年。哲学家、东京大学教授。批判西田几多郎,他独特的哲学观被称为田边哲学。其著作中有关道元的书是《正法眼藏的哲学私观》(1943)。
〔9〕　《東西の宗教改革》:《艺文》二一七。后被收录在《日本中世の研究》(1929)。

已经成为常态,急于近代化的日本,对镰仓新佛教的要求又是什么,应该
可以知道了吧!

民众性的性格

在与西洋宗教改革比较的近代性上,随之而来的是在战后受到很高
评价的——民众性的性格。在新佛教里,他们废弃了向来被认为唯有贵
族及僧侣才有可能理解的复杂理论及修行,而主张只要念佛或唱经题之
类的易行专修即可,因此佛教成为民众可亲可及的东西。新佛教不屈服
于来自国家或与国家一体化的旧佛教的种种弹压,仍贯彻其以民众为中
心的立场。这一点得到反省战时苦难经验的战后历史学者们极高的
评价。

从历史学者对镰仓新佛教的评价来看,他们认为新佛教中从法然到
亲鸾这一脉相连的净土教,是最具民众性格的典型[1]。因为即使是新
佛教,禅未必能说是民众性的,而日莲的思想有其独自的国家观,且其继
承天台的要素很多。另虽同是净土教的一遍,也因吸收了熊野信仰、禅的
因素等而变得非常复杂。因此,在镰仓新佛教的研究中,从法然到亲鸾这
一脉净土教成为学界研究的主流。另外,对镰仓佛教未必就能有一个统
一性的观点,因为从各祖师及其流派的各方面来研究也是不容否定的。

镰仓佛教观的转换

本觉思想是其背景

以镰仓新佛教为中心的佛教史观,到了 1960 年左右是全盛期,从那
之后,可以看出些许新动向。也就是在镰仓佛教中,旧佛教的重要性受到
再认识,而出现了以一个更宽广的视野来看镰仓佛教的新趋势。不过,以
镰仓佛教为日本佛教的中心的观点并没有改变,然而对这样的观点开始

---

〔1〕 这样的倾向,在研究上带来极大的影响,如家永三郎《中世佛教思想史研究》(法
藏馆,1947)、井上光贞《日本净土教成立史の研究》(山川出版社,1956)。

提出质疑是最近的事。这也是因为近代主义走到瓶颈,对非合理性事物开始重新审视,而开始注意到空海的密教是其契因。这点已在第二章中陈述过了,所以暂搁不谈;此处以镰仓佛教为范围,来探讨其观念的转变。

首先备受瞩目的是,教理面上对镰仓新佛教的共通背景——天台本觉思想的再认识。其重要性,首先由大正期时岛地大等提出,其后经过硲慈弘[1]、田村芳朗[2]等的研究可知,天台本觉思想与镰仓新佛教的关系是极为密切的。在此之前,均认为镰仓新佛教的思想是承袭前代思想,特别体现在院政时期经常被提及的"圣"[3]的民间宗教运动。虽然如此,本觉思想则具有与此不一样的重要性。第一,不问净土、禅或日莲系,新佛教全体的基盘——也就是新佛教的祖师们都是出身比睿山,且接受比睿山系的学问。因此,可试着以本觉思想为核心,同时作为打开统一新佛教的视角。

第二,本觉思想并不单纯只是新佛教的背景,它本身具有独自的高度理论,而且经过中世发展起来。也就是说本觉思想本身就是中世佛教思想史的一项重要因素。如此,新佛教中心的镰仓佛教观的因素,多得无法对应,因此检视镰仓佛教,需要一个新的架构模式。

新架构:显密体制论

那么,可以重新掌握整体镰仓佛教的架构模式又是什么? 关于这一点,最受注目的假设是黑田俊雄所提出的显密体制论[4]。黑田批评旧有以新佛教为中心的史观,并且指出即使在中世,重新编组的旧佛教仍是社会的主流。这正是他所主张以显密融合的显密体制来理解镰仓佛教,而其思想的基础则是上述的本觉思想。

----

〔1〕 硲慈弘:《日本仏教の開展とその基调》二卷(三省堂,1948、1953)。
〔2〕 田村芳朗:《鎌倉新仏教思想の研究》(平乐寺书店,1965),《本觉思想论》(春秋社,1990)。
〔3〕 圣:脱离正规的寺院而修行或布教的僧侣的总称。特别是平安中期以后势力变大的有弘扬阿弥陀信仰的阿弥陀圣,步行诸国劝募的劝募圣,以高野山为大本营的高野圣等,有各种不同形态的圣。
〔4〕 "显密体制论":黑田俊雄《日本中世の国家と宗教》(岩波书店,1975)。

本觉思想虽是天台的典型表现,同样的有些思想倾向的,也包含着南都的旧佛教,所以本觉思想成为其共通点。若站在与国家体制一体化的旧佛教(显密佛教)为正统派的立场,则新佛教被认为是异端。另外,一面批评异端派脱离了旧佛教的模式,一面也担心停留在旧架构体制内的教团的堕落,所以在思想、实践上兴起改革运动的僧侣也同样受瞩目,如南都的贞庆、明惠(高弁)、睿尊、忍性等。异端派的新佛教出自比睿山的天台,而旧佛教的改革派则均出自南都诸宗。

当然黑田说中的内容有待商榷的地方仍然很多,但至少他提供了一个壮大的模式来掌握整体的中世佛教,也带给今日的研究很大的影响,甚至涵盖了政治史、社会史的体系。正因为其规模庞大,所以也有种种问题,也出现种种批判。总之,若无视这个体制论,今后的镰仓佛教研究是无法进行的。

因此,若从思想史方面来概观整体的镰仓佛教,大致如下所述:首先,当时佛教界的大趋势是,本觉思想所代表的那种强烈的现实肯定的倾向。因此,其所表现出来的可以说是不需要戒律、修行之类的堕落现象。面对这样的现象,加以反省而主张恢复实践,回到宗教本来面貌的是镰仓期的新佛教,及南都改革派的运动。在当时可以看出两个方向:第一是回归佛教的原点,借由复兴戒律、致力禅修以恢复实践性。这并不是只有南都的改革派,也包含新佛教的禅宗;新佛教禅宗受宋的佛教影响很大。第二个方向是承认固有的佛教方向不适合当时日本的现实环境,而寻求适合现实的新实践方法的方向。净土的念佛、日莲的唱诵法华经经题的思想等,就是此一倾向的产物。

镰仓佛教的三期区分

这里仍有一个问题。那就是所谓镰仓佛教,也是要经过百年以上才发展出来的局面,况且这之间的社会变动也不小,因此其开始与终结是不能同时而论的。例如,同属新佛教的人物,镰仓初期出现的法然、荣西,和后期的日莲、一遍相比较,其性格是非常不一样的。向来对净土、禅、日莲系及其流派的研究,都采纵向研究,但是若想了解包括旧佛教的整体镰仓佛教,除了遵循年代的纵向研究外,不也应该考虑横向间相互影响或排斥的关系吗?

关于这一点,黑田指出了一个新的方向。也就是将镰仓佛教分三期,从 12 世纪后半到 13 世纪初的承久之乱(1221 年)为第一期,承久之乱以后的执权政治的时期为第二期,13 世纪末以后的社会变动时期为第三期。黑田说的此三期,大抵还算适当。

第一期是以大的社会动荡为背景,是镰仓佛教的形成时期。重源、荣西、法然、贞庆、俊芿、慈圆等活跃于此一时期。第二期是以比较和平且安定的社会为背景,属思想较深入的时期。明惠、良遍、亲鸾、道元等活跃于此一时期。第三期则是社会的不安再次高涨,同时也因元世祖袭日而增强了国家意识等新因素而展开的思想。睿尊、忍性、日莲、一遍、凝然等活跃于此一时期。

以下,依次来看三期的发展,因为篇幅所限,不得已只能触及一部分。

形成期(第一期)

新佛教的舵手——法然与荣西

建久九年(1198 年)是日本佛教史上不能忘记的一年。在镰仓幕府成立不到数年的这一年,新佛教的舵手——法然与荣西分别撰写了《选择本愿念佛集》与《兴禅护国论》[1],明确地发表了自己的主张。当然他们的主张并非突然出现,是像拓荒者般经过长期摸索而逐渐形成的。

法然[2](1133—1212 年)是美作地区(冈山县)押领使的儿子,幼年时父亲因争领地而被杀,遂入佛门。十八岁时,法然隐栖于比睿山的黑

---

〔1〕 《兴禅护国论》:三卷,分十章,主张禅的正统性。收录于《中世禅家の思想》(日本思想大系)等。

〔2〕 法然:传记有田村圆澄《法然》(吉川弘文馆,1959)等。

谷,师随睿空。睿空以戒律严谨及念佛为众所知,法然的基本素养也是在此培养的。承安五年(安元元年,1175年)四十三岁时,法然离开比睿山到京都的东山吉水,踏出其念佛布教生涯的第一步,并渐渐获得九条兼实的支持。

另外,荣西[1](1141—1215年)出身于备中(冈山县)的神官之家。也登比睿山求学,于仁安三年(1168年)首次入宋,约停留半载即归国。为了前往印度,计划再到中国,遂于九州待机;这时与法然下比睿山是同一年。终于在文治三年(1189年)二度入宋,在临济宗的黄龙派[2]虚庵怀敞座下学禅是其一大转机,而于建久二年(1191年)归国,后首先在九州弘扬禅,建久五年(1194年)进京,开始其真正的弘法活动。

二人的活动与思想

接下来比较法然与荣西的活动与思想。首先要注意的是禅与念佛的实践并非开始于法然及荣西,二人属于院政期以后佛教发展时期的人,因有关净土念佛方面的事素为人所知,所以在此暂略不谈。而法然的活动是承继了所谓佛教的"圣"的系谱,因此,这里首先要指出的是,法然的教团本身是带有"圣"的性质的集合体。民间佛教中的圣的活动,可以说是使镰仓佛教开花的土壤。当时的代表者俊乘房重源(1121—1206年)在东大寺大佛殿再建的劝进圣[3]中,展示了他精力充沛的活动力,据说他与法然、荣西均有交往。

关于禅,在荣西之前开先锋的以大日房能忍的达摩宗[4]最受瞩目。能忍并未依止某位特定的老师,他独自研究达摩的禅法并加以弘扬。因

〔1〕 荣西:传记有多贺宗隼《荣西》(吉川弘文馆,1965)等。
〔2〕 临济宗黄龙派:中国的禅在唐到五代之间分五派(五家)。其中之一的临济宗在宋代分黄龙派与杨岐派,与之前的五家合称为五家七宗。
〔3〕 劝进圣:劝进的本意是劝人皈依佛教、劝人行善。这里指的是劝募造寺造佛所需的净财。重源除了为大佛建立而四处奔走劝募之外,也劝人在各地铺路造桥、建公众澡堂等。这些都记录在《南无阿弥陀佛作善集》中。
〔4〕 达摩宗:指达摩(菩萨达摩)所创之宗,一般也泛指禅宗,在此一时代则特别指能忍一派的禅。顺道一提,当时新潮流难解的和歌被称为"达摩歌",此可从藤原家的歌论中得知。

此,文治五年(1189年)将弟子送到育王山的拙庵德光处,并得到印可。能忍也算具某种圣性格的禅者,但荣西对能忍是采严峻批评的态度。这是因为一者荣西对自己入宋所学的禅有信心,二者达摩宗在当时被视为异端,甚至累及荣西所传扬之禅也有被禁止的危险,为此荣西认为有必要与能忍的达摩禅划清界线。

在被镇压的环境中布教

两人的第二项共通点是,同样在被禁止、被镇压之下弘扬教法。达摩宗的禁令是在建久五年(1194年),荣西的《兴禅护国论》是针对此禁令的一个反对声音。而对法然的净土念佛的责难,反而使法然教团变得越大。元久二年(1205年)解脱上人贞庆亲撰的《兴福寺奏状》[1],是一个公然责备净土念佛的声音,建永二年(1207年)终于勒令停止念佛,判二名弟子死罪,法然也遭到流放边地之刑。

在责备新宗派的理由中,两者共通的是藐视戒律的问题。藐视戒律,可说是当时的普遍现象,但讽刺的是荣西和法然都是戒律非常严谨的人。能忍的禅及法然的门下都倾向认为禅及念佛是绝对的,而公然藐视戒律,特别是法然门下的亲鸾为其典型的例子,这也是被攻击的最主要原因。这里也可看出其与本觉思想的肯定现状是一样的,同时也显示出"圣"佛教的特性。

有人常说,荣西的禅与密教及戒律并修,所以不能算是彻底的专修,相反的法然是纯粹的、彻底的专修念佛[2]。这样的说法对吗?确实法然的《选择集》严诫杂修杂行,但实际上他个人严守戒律是众所皆知的,同时他也是某些贵族及皇族的授戒师,这点也是法然的教学中,常被认为是矛盾的地方。关于这点,与其说是矛盾,毋宁说是法然的过渡性格的表

---

〔1〕《兴福寺奏状》:一卷,共八条,指责专修念佛的谬误并上诉朝廷勒令停止之。收录于《镰仓旧佛教》(日本思想大系)。

〔2〕专修念佛:"专修"是只专修一行。法然只以阿弥陀佛为对象的读诵、观察、礼拜、称名、赞叹为正行,其他则为杂行,更进一步地指出五种正行中,以称名为正定业,其他四行为助业,因此只要实践称名念佛即可。

现,这与荣西的并修性可说是几乎完全一样。

对照一下建久九年以后,荣西与法然所走的人生。荣西是积极地与权力核心接近,就任东大寺的劝进职务,职叙权僧正,甚至接近镰仓幕府。虽然荣西露骨地接近权力核心招来恶评,但其效用是禅逐渐被国家所承认。相对的,法然则如上所述,因提倡念佛遭到严厉的弹压,自己也受到流放之罪,但这似乎是弘布念佛中无可避免的。法然圆寂后,念佛仍是在一而再、再而三的压迫中,逐渐扩大其势力与发展。

转换期的旧佛教：贞庆与慈圆

在新佛教的形成中,对法然的念佛采严厉对峙态度的是贞庆的《兴福寺奏状》。解脱上人贞庆(1155—1213 年)是藤原贞宪的儿子,信西入道通宪的孙子。通宪一族人才辈出,澄宪、明遍等名僧是他的叔叔们。平治之乱(1159 年)祖父通宪被杀,父亲贞宪遭流放,所以贞庆自幼出家,在兴福寺主要学习唯识。贞庆于建久三年(1192 年)立遁世之志,翌年闭关于笠置寺。从这样的经历看来,贞庆与法然的经历是极相似的。但法然认为念佛一行是绝对的,故而离开比睿山。相对的,贞庆即使隐世,并未放弃南都的学问与传统实践法门,仍然停留在原有的制度框架内。

贞庆的学问虽然以法相唯识为中心,集传统法相教学之大成的同时,也融合了五性各别说与一切成佛说等,不被传统所囿,而开展出他自由的思索。这种倾向到了第三代的孙弟子良遍(1194—1252 年)则更向前推进了一步。贞庆虽然批评专修念佛,同时也受到禅、念佛等重视实践的影响。贞庆的热切信仰弥勒、观音、阿弥陀佛等诸佛菩萨,也说观心等行法,为南都佛教吹入新的气象[1]。

最后,略介绍此一时代旧佛教的另一位大人物慈圆(1155—1225 年)。慈圆出生于摄关之家,曾四度蝉联天台座主,简直就是体制佛教的

---

〔1〕 有关旧佛教的新开展,可参阅田中久夫、镰田茂雄校注《镰仓旧佛教》(日本思想大系,1971)。

象征,但他并未贪恋权威。年轻时抱持隐世之心的慈圆,身为天台座主,致力于已衰颓的比睿山的复兴。在大作《愚管抄》[1]中,以其犀厉的眼光,注意这个转换期的历史,并从中寻出"道理"的支配,而成为前往新时代的渡桥。虽然慈圆曾批评法然一派是"不可思议的愚痴无智尼入道",但毫无疑问的,他是此一过渡时期的一位知识分子。

深化期(第二期)

> 明亮亮呀,明亮明亮亮呀,明亮亮呀。
> 明亮明亮亮呀,明亮亮的月。

明惠的这首月之颂,较之有名的芭蕉的"松岛呀,啊啊松岛呀,松岛呀",更纯粹,且更有质朴之感。想想像明惠一样,留下那么多纯真心、行逸话的高僧,除江户时代的良宽之外,是找不到的吧!例如,他写给自己曾游学过的纪州岛的情书,冀盼到印度留学却因春日明神与住吉明神的神谕而作罢;想与女人有一番云雨的经验而下山,却坚守戒律未达目的等。有关明惠的故事,几乎从不缺话题。另外,详细记录其所做的梦而成的书《梦记》[2],成为受今日精神分析学者注目的新目标。

明惠的法然批判与佛光观

明惠上人高弁[3](1173—1232年)出生于纪州的武士家庭。幼年时父母双亡,遂入高雄的神护寺出家为僧。青年时代生活在纪州,而得以与自然多亲近。建永元年(1206年)受赐梅尾之地,之后明惠主要以梅尾的高山寺为中心展开他的修行生涯。其学问以华严[4]为中心,发展出以

---

〔1〕《愚管抄》:七卷,著于承久二年(1220年)。一面受到末法思想所影响,也导入新的道理观念,承认武家政权,建立一种顺应新时代的历史观。收录于日本古典文学大系。
〔2〕《梦记》:明惠详细记载自己从十九岁到晚年所做的梦的书。高山寺藏有明惠的亲笔本。收录于《明惠上人集》(岩波文库)。
〔3〕高弁:传记有田中久和所撰之《明惠》(吉川弘文馆,1961)。
〔4〕华严:华严宗自奈良时代以后渐呈衰退,一直到镰仓时代才由明惠、凝然等中兴。明惠受唐的李通玄(635—730年,有异说)、朝鲜的华严所影响,所以有完全不同于由凝然集大成的东大寺正统派华严的性质。

实践为基础,富有个性的思想。而其思想开展的契机,也是法然的专修念佛。

用明惠所说的话来说,明惠自己最初在听到有关法然的事时,非常仰慕他的人格。但建历二年(1212 年)法然圆寂,其著作《选择集》首次开版印成书,读了该书后,明惠勃然大怒,认为该书违背了佛教的本意,随即著《摧邪轮》[1]严加批判。其批判主要有两点,第一点的"拨去菩提心之过失"占全书的大部分,是该书的重心。所谓的菩提心,即是求开悟的心,有了菩提心才是佛道修行的开始,菩提心是佛教的根本。而法然认为即使没有菩提心,只要相信阿弥陀佛而念佛的话就能得救,所以成为大问题。这个批判是针对法然的净土教本质所进行的批评,也可以说明两者(法然与明惠)的不同立场。也就是说,明惠基本上是从佛教追求开悟的本意上,来思索探寻新的思想与实践模式。法然则是突破这个传统的界限,从寻求开悟的宗教,到转向寻求救济的宗教。暂且不论其功过如何,法然的净土教本质的问题,则待真挚的追究者明惠才能渐明白。

明惠在批判法然的同时,自己也受到他的影响。他曾经用心设计写著与菩提心相关的语句——"三时三宝礼"[2],自己礼拜也劝他人礼拜。话虽如此,明惠的思想达到圆熟时,应该是在四十八九岁时的佛光观的实践与思想。即如下页图,在中央中段写着毗卢遮那、文殊、普贤三圣,借此显示理智不二、因果不二,上边为文殊的智慧、下边为普贤的理,左段是因文殊的智慧而体会了普贤之理的行者的成佛,右段则是记载其具体的说明,并以此为观想的对象。

---

〔1〕 《摧邪轮》:三卷,以"拨去菩提心之过失"、"以圣道门为群贼喻之过失"两点,来批判法然专修念佛的过失。
〔2〕 三时三宝礼:中间是有关皈依的对象——三宝(佛法僧)的文字,左右是有关菩提心而写的字,以此为本尊,于三时(晨朝、日中、日没)分别礼拜三次。明惠四十三四岁时履行的一种修行法门。

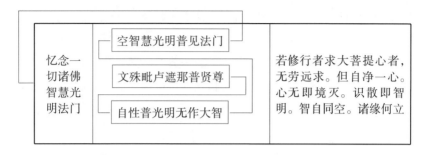

这里值得注意的是,左段所记的成佛,并非是未来以后很久的事,而是在"信"的状态完成时就成佛(信满成佛),也就是说将成佛拉到非常现实的生活面来。但另一方面重视这样的行——即与当时的本觉思想式的现实观与实践相结合的立场。这两方面的结合,也停在亲鸾及道元的思想核心中,这也是第二期的镰仓佛教中最圆熟思想的特征。

顽强的亲鸾与天才的道元

亲鸾[1](1173—1262年)是下层贵族日野有范的儿子。初学于比睿山,后改投法然门下。法然被判流放罪时,他也被下放到越后。即使后来被赦免时也未回到京都,反而往关东方向布教,到了晚年才回到京都,而于九十岁高龄逝去。其主著《教行信证》是住在关东时的元仁元年(1224年)左右写的,到了晚年时加以修改。在他八十岁以后的生涯里,亲鸾将全部精力投注于写作上。

道元[2]则是当时的权力者久我通亲之子,幼年因父母双亡而入比睿山。之后下山投靠荣西的高徒——建仁寺的明全,而于贞应二年(1223年)与明全一起入宋。在天童山邂逅了如净(1163—1228年)而获得"身心脱落"[3]的体验。于安贞元年(1227年)归国,归国后先在京都弘扬禅,而于宽元元年(1243年)移到越前(福井县)创建永平寺,致力于

---

〔1〕　亲鸾:传记有赤松俊秀所撰的《亲鸾》(吉川弘文馆,1961)。
〔2〕　道元:传记有竹内道雄所撰的《道元》(吉川弘文馆,1962)。
〔3〕　身心脱落:精神和肉体都离开束缚达到自由的境地。据道元的留学记——《宝庆记》所载,如净教他:"参禅是身心脱落。不用烧香、礼拜、念佛、修忏、看经,只管打坐。"

坐禅与门人的指导。

　　亲鸾与道元的生涯是极具对照性的。亲鸾倔强、顽固地终其一生坚守"非僧非俗"的生活，展开如同其高龄一般的圆熟思想。相对地，道元尽其较短的一生，致力于纯粹的禅，其几乎可以说是天才、独创的思想在《正法眼藏》中表露无遗。虽然两位历经了如此不一样的生涯，但其同样对同时代的思想课题，给予最深入的追究及解决。

亲鸾的信念往生与道元的修证一如

　　该时代的话题，是如何处理视现实世界即开悟世界所以不需修行，或即使造恶也是自由等本觉思想倾向的想法。实际上，亲鸾受本觉思想的影响极大，与主张造恶无碍[1]的法然门下的一念义[2]（一度念佛即能往生的思想）关系极近。而前述与本觉思想极近的能忍的弟子们很多转投道元门下，例如《正法眼藏随闻记》[3]的笔录者怀奘（1198—1280 年）成为道元门下的中心势力。

　　那么两者对此一时代赋予的课题是如何面对的？亲鸾主张依信一念[4]决定往生，而往生就是开悟。因此认为在现世便决定了觉悟的位（正定聚）。这一点，与肯定现实世界就是开悟世界的本觉思想是极相近的，但将之与未来相连接时，就与本觉思想划清了界线，而且在获得信之后仍需念佛，所以其实践性得以保留。道元则在所谓的"修证一如"上寻求解决的方案，也就是说，开悟并不是修行的结果，修行（坐禅）本身就是开悟。从这里可以明白其采只管打坐（只有一心一意打坐）的立场。开悟就在眼前的观念也是接近本觉思想的，但在坐禅的实践中寻求开悟这

　　〔1〕　造恶无碍：主张阿弥陀佛将会来救我，所以造恶也无所谓。虽然是偏激的他力信仰所产生的问题，被视为社会问题，而成为念佛遭镇压的借口。
　　〔2〕　一念义：法然的弟子行空、幸西等的主张，与之相对的是多念义。也是极端的他力信仰所产生的主张，其与造恶无碍相结合，造成社会问题，也带给亲鸾等很大的影响。
　　〔3〕　《正法眼藏随闻记》：六卷，嘉祯年间（1235—1238 年）道元的讲课讲义，由弟子怀奘笔录而成，与《叹异抄》并列为广受人们喜爱的书之一。
　　〔4〕　信的一念：相对于行的一念而言。行的一念是实际上称念阿弥陀佛的名号一次的称名念佛；而信的一念，则是相阿弥陀佛誓愿救众生，而且其誓愿已经成就。在相信此说的瞬间，已经决定往生。

一点,使道元的思想与本觉思想划清了界线。

展开期(第三期)

动荡期的国家意识与佛教

兴起于中国北方,甚至攻进欧洲的蒙古,最初送国书胁迫日本是在文永五年(1268年)。面对蒙古的相逼,日本则采强硬态度以对。元军(1271年起改称元)分别于文永十一年(1274年)、弘安四年(1281年)二度举大军袭日,却因所谓的"神风"奇迹而溃败。日本虽然平安地渡过国难,却在这样的机缘下,暴露出以北条氏为中心的幕府体制的矛盾,终于镰仓幕府逐渐步向衰退之道。

元军袭日事件也是思想史上的一个大转换点。第一,这是有史以来的国难,当然提高了国家意识,同时也提高了日本人对神的关心。神道开始被真正地理论化,登上思想界的舞台。从这个时候开始,正是建武的中兴到南北朝的时代。在佛教界方面,很快地可以看到日莲的国家思想,还有与熊野信仰相结合的一遍的舞蹈念佛等开始盛行。又凝然〔1〕(1240—1321年)的《三国佛法传通缘起》〔2〕、虎关师炼〔3〕(1278—1346年)的《元享释书》〔4〕可以看出佛教界中历史意识的发展及关系。

第二点是,从元的兴起到南宋的灭亡这一段时间,不仅到中国留学变得不可能,连受大陆新动向所左右的趋势也在消失中。在第二期中,甚至被认为最本土的亲鸾也非常关心宋的佛教界动向,但到了这个时代,这些都不需要了,也变成不可能,不管愿不愿意都得去探索自己独自的道路。

第三,前代(第二期)是在较安定的社会背景下,潜心钻研宗教问题,

〔1〕 凝然:伊予(爱媛县)人。驻于东大寺戒坛院,主修华严、律,广学诸宗,因此以八宗兼学为众所周知。著书有《八宗纲要》、《三国佛法传通缘起》等,著书极多。
〔2〕 《三国佛法传通缘起》:三卷,完成于庆长元年(1311年)。因其记载印度、中国、日本三国的佛教历史,故被认为是佛教史的基本书。
〔3〕 虎关师炼:临济宗中属于圣的一派的僧侣。东山湛照的继承者,谥号本觉国师,身为五山的学僧广博多学。
〔4〕 《元享释书》:三一卷,元享二年(1322年)完成,是以僧传为主的日本最初且最大规模的佛教史书。

而第三期则因社会的动荡,对现实的关心及社会活动都变活跃了。日莲的国家谏晓、折伏活动,一遍的游行,睿尊、忍性的救济活动等,都可以说是此一动向的例子。

日莲的《法华经》观:本门的绝对观

一谈到元军,日莲的名字就会浮上脑海。日莲[1](1222—1282年)生于安房(千叶县)。出家后学于镰仓、比睿山,并强化法华信仰。由于当时饥馑、瘟疫接连不断,导致社会的不安。这一切,日莲将其归因于大家舍弃了正法《法华经》,走向念佛等邪法,并主张若不依正法,将引起他国侵略等更大灾难。他将这样的主张写在《立正安国论》[2]中,并于文应元年(1260年)献给前执权北条时赖。但这样的举动不但不被接纳,反被判流放伊豆。后因蒙古的来袭,无疑是其预言的实现,同时也加深了日莲的自信心。

日莲的思想是在这样的社会背景下,以法华信仰为轴展开的。和其他新佛教诸师不一样的是,《法华经》本来就是天台思想的中心,日莲本身也是在天台思想的范畴内开展其思想。从这点来看,可以说是立基于正统派,但因其深入仔细推敲诵读《法华经》,及在屡屡遭压迫后的反思中,开展出了自己独特的思想。特别是文永八年(1271年)以来四年的佐渡流罪生活,更是其最大的转捩点,《开目抄》[3]《观心本尊抄》[4]等主要著作是其流放佐渡时撰写的。

日莲的《法华经》观的特征是以"本门"为主的观点。《法华经》大抵被分为垂迹(前半部)与本门(后半部),垂迹谈的是依一乘(唯一的真理)说明佛教的统一,本门则超越历史上的释尊,来谈永远的释尊。以上

---

[1] 日莲:配合传记与思想开展的入门书是田村芳朗《日莲》(日本放送出版协会,1975)。

[2] 《立正安国论》:一卷,主张当时发生的大地震、暴风雨灾难,都是由于不信《法华经》、信邪法所致,并预言若不改此错误的信仰,将招来国内的变乱及外国的入侵。

[3] 《开目抄》:二卷,完成于文永九年(1272年)。对虽然信仰《法华经》却遭受迫害的门人所提出的质询,而回答说:弘扬《法华经》必然会蒙难。

[4] 《观心本尊抄》:一卷,完成于文永十年(1273年)。详称为《如来灭后五五百岁始观心本尊抄》。依《法华经》中寻求末法救济的根本答案,而提出题目受持的修行方法。

虽然是天台的看法,中国的天台、最澄的天台都重视垂迹,相对地,日莲却以本门为绝对,主张永恒的释尊的功德是集于《妙法莲华经》的经题内,所以只要能受持经题,就能体会绝对的世界。

事实上,像这样重视本门及受持经题的思想,在天台的本觉思想中也已形成,从这一点来看,日莲也是站在这个思想系谱上。但其与第二期的诸师一样都重视实践,因此,可以看出即使在本门中,也是将重点放在菩萨的实践,也就是,在本门中说受持《法华经》的菩萨,克服种种的苦难而弘扬《法华经》。日莲则自比为《法华经》的菩萨,突破了重重的迫害。在日本的佛教史上,少数对现实社会采积极对应的日莲,就是持这样的信念。

一遍的念佛与本土要素

与日莲并列,代表第三期的新佛教特异思想家还有一遍[1](1239—1289年)。一遍生于伊予(爱媛县)的豪族家。出家后在太宰府学净土宗西山派教学,后因父亲的去世而返回故乡。但因被卷入家族的领地之争,遂再度舍弃一切,进入独特的行脚游行生活。一遍以舞蹈念佛与赋算(给人分发写着"南无阿弥陀佛决定往生六十万人"的小牌子)来弘扬念佛,因为一遍在死前烧毁了自己所持有的所有典籍,所以今日要探索其思想,只有靠现存《一遍上人语录》[2]等极少数的书。但据留下来的语录及其行迹,可从两方面来看一遍。一是念佛的彻底纯化,一遍的念佛是舍弃一切东西,专心一意于念佛一行,从这里可以看出其与禅的近似性。《语录》中有这么一段佳话,即一遍参访法灯国师觉心[3](1207—1298年),作偈曰:"称唱的话,无佛也无我,南无阿弥陀佛。"得到国师印可。

另一方面,一遍的本土要素非常强。例如,据说一遍一想起赋算,就

---

〔1〕　一遍:传记有大桥俊雄所撰《一遍》(吉川弘文馆,1983)等。
〔2〕　《一遍上人语录》:二卷,宝历十三年(1763)一海编。编入截至当时所传的和赞、法语等,收录于岩波文库等。
〔3〕　觉心:临济宗法灯派之祖。号心地房,信浓(长野县)人。入宋承继了无门慧开的法脉,亦以虚无僧普化宗之祖而为人所知。另外,一遍参觉心之事,并无史料可证明。

开始他的行脚游行,此为得自熊野权现的神谕。舞蹈念佛令人想到,这与进入民众之间的本土化、民俗化的念佛相关。又与舍去一切的心境相反的是,带着包括女性同行者的行脚游行,需要有严格的规律。例如:"专守知识之教,勿任恣我意。"(制诫)所述,过着倾向于视领导者为绝对之生活。

睿尊、忍性的戒律复兴运动

在第三期中,旧佛教的动向,以八宗兼学为目标的凝然等的学问佛教虽然很重要,但这里首应注意的是睿尊[1](1201—1290 年)、忍性[2](1217—1303 年)等的戒律复兴运动。想要重整乱到极点的戒律,在此之前有俊芿[3](1166—1227 年)等以涌泉寺为中心的北京律[4]的运动,睿尊则以西大寺为据点,发起与密教结合的戒律运动。睿尊的特征是他积极推动慈善救济的活动,这一点更由他的弟子忍性发扬光大。忍性在镰仓创建极乐寺,而展开大规模的救济活动,因此也与日莲起了正面的冲突,遭到日莲的声讨。

如是以睿尊、忍性为主导者,在镰仓后期非常活跃的禅律僧等,从远离世俗的自由立场,反而积极地投入参与,而成为创造中世文化的大舵手。

对室町佛教的展望

支持武士的禅宗

讲到室町佛教应该是一个独立课题。但这里仅止于对与镰仓佛教相

---

〔1〕 睿尊:大和(奈良县)人,字思圆,谥号兴正菩萨。于嘉祯二年(1236 年)在东大寺与觉盛等自誓受戒(不依师、依自誓而受戒),并从事戒律复兴运动,配合广泛的社会活动,留下很大的影响。

〔2〕 忍性:字良观,大和人。跟随睿尊学戒律与密教。虔信文殊菩萨,并救助贫者与癞者。

〔3〕 俊芿:字不可弃,肥后(熊本县)人。在京都、奈良遍学诸宗后,于正治元年(119年)入宋。留宋十三年后归国,弘扬新的佛教。

〔4〕 北京律:睿尊等以南都为中心的戒律复兴名之为南都律。与此相对的,以京都为中心的俊芿等的戒律复兴运动,名之为北京律。俊芿虽然立于天台宗的立场,却弘扬入宋后传进的中国新戒律,受以皇室为首的大众的皈依。

关的部分做简单地概观。室町期通常分被幕府支配的前半期和以应仁之乱(1467—1477年)为开端的战国时代的后半期。在佛教史中,前期是在较安定的时代背景下,各派各发展其势力;后期则像一向一揆那样在政治上获得权力,在战国大名的统治下,逐渐朝向整合的近世的体制。

首先,在这个时代与幕府联结成为最中心势力的是临济系的禅宗。总而言之,即使在中国也是在宋代以后,禅才成为佛教界的主流。这大概是因为禅具有强烈的无神论性格,而且将重点放在以自己为主体的自觉这一点,与士大夫们所关心的事相吻合的缘故。像朱子学、阳明学的复兴,也是受到禅的影响。禅原本是印度的瑜伽等相关的冥想法,而所谓禅定的禅,与中国固有思想有很深的关系,是在中国发展起来的东西。

即使在日本,从镰仓时代以来,做一个武士是要对生死有心理准备的,另一方面,因为新支配阶级的武士需要有自主性,所以禅得到支持。自荣西传入临济宗以来,因圆尔、兰溪道隆、兀庵普宁、无学祖元、一山一宁等,从南宋至元的禅陆陆续续地传入日本[1]。

五山派的隆盛与梦窗疏石

禅寺的林立和模仿中国的制度,逐渐形成五山制度。虽然五山在镰仓时代的末期已经略见其雏形了,到了室町时代已经整备,五山[2]、十刹、诸山被体系化。奠定五山派势力基础的是梦窗疏石[3](1275—1351年)。梦窗继承无学门下高峰显日的法脉,并得到后醍醐天皇及足利尊氏的皈依,为了追悼战殁者在各国设置安国寺、利生塔,又为了追悼醍醐天皇建立天龙寺。梦窗门下的春屋妙葩(1311—1388年)被任命管理寺院、僧侣的僧录,以后梦窗的门流继承了这个职务并发挥其势力。五山的僧林与幕府的权力结合,引进摄取自明的新文化,砌筑了极高度的文化。

〔1〕　有关禅宗史,请参阅今枝爱真《禅宗の歴史》(至文堂,1966),竹贯元胜《日本禅宗史》(大藏出版,1989)等。
〔2〕　五山:若依已经确立了的室町时代的制度,则以南禅寺为五山之上,天龙、相国、建仁、东福、万寿的五处寺院为京的五山;以建长、圆觉、寿福、净智、净妙五寺为镰仓五山。
〔3〕　梦窗疏石:伊势(三重县)人。初学天台、真言,后转禅宗。提倡诸宗融合的立场。著有《梦中问答》等。

所谓五山文学的汉诗文及新儒学的研究,甚至在美术造形方面均发挥了他们的指导能力。

另一方面,五山的隆盛也逐渐走向文化的末端,而忘了禅的生命,因此被批评落入形式化。在这之间势力消长,大应派的南浦绍明、宗峰妙超、关山慧玄的系统,及以妙心寺为据点的关山系统扩张他们的势力,而成为近世临济禅的主流。又宗峰的大德寺系统则出了像一休宗纯[1](1394—1481 年)那样特异的出家人。

试看临济禅以外的各宗动向,首先来看同样是禅的曹洞宗。曹洞宗在最初是甘于守住道元纯粹禅的小势力,但镰仓末期莹山绍瑾[2](1268—1325 年)出现后,一举扩张自宗势力。他舍弃了一向的纯粹禅,大胆地取入加持祈祷、仪礼等要素,使曹洞禅大众化。莹山的门流在室町时代逐渐成为地方上的强大势力。

净土系诸宗的发展

接着来看此一时代净土宗的发展。净土宗中,法然门下圣光(1162—1238 年)的镇西派在镰仓后期由良忠(1199—1287 年)弘传至镰仓,并逐渐扩张该宗的势力。特别是因和三河(爱知县)的松平氏结盟的关系,到了近世得到德川将军家的支持。

一遍所创的时宗[3],经过内部的势力争夺,后来借由藤泽的清净光寺(游行寺)使游行派的势力得以伸张。时宗在维持其独特的游行习惯的同时,或成为同行于战场的从军僧,或成为“阿弥众”参与艺能文化的创造等。虽然时宗达到支撑室町文化的重要使命,但到了近世却被视为危险势力,受到压迫而失去势力。

---

〔1〕 一休宗纯:号狂云子等。京都人,继承华叟宗昙的法,严厉批评当时的禅过于形式化,以新奇的语言而为众所周知,著有《狂云集》等。
〔2〕 莹山绍瑾:越前(福井县)人。永平寺三世彻通义介的子嗣,创总持寺等,弟子有明峰素哲、峨山韶硕等,扩张其教线至全国各地。著有《传光录》等。
〔3〕 时宗:原本称为“时众”,此语出自中国的净土教善导的著作《观无量寿经疏》,是从“当时的人们”的意思转变成聚集同是念佛信仰的人们的集团。

净土真宗最初是以亲鸾的门徒为中心发展起来的,到了莲如[1](1415—1499 年)时代,急速地扩张了本愿寺的势力。本愿寺是亲鸾的庙所,虽然由亲鸾的子孙所护持,却十分萧条,一直到了莲如,不但中兴了本愿寺,更以北陆为中心培育他们的大势力,且快速地超越了莲如的想法,而往一向一揆的方向发展。其势力一时之间压过了加贺国(石川县),本愿寺在与织田信长言和之前,拥有足以对抗战国大名而几近君临天下的能力。

孕育町众(商人)文化的日莲宗

最后略谈日莲宗(法华宗)。日莲殁后,弟子间互相抗衡争夺势力,最后分为五派门流扩张其势力。特别是日像(1269—1342 年)在京都热心布教,获得以新兴的工商业为主流的京都町众的信仰,而成为孕育町众文化的基盘。同时,现世利益倾向逐渐加深,也吸收诸神的信仰、咒术等,但也有像日亲(1407—1486 年)那样被将军逼迫改宗的例子。

面对这些新佛教诸宗的进展,旧佛教的天台宗、真言宗等也有进出关东而受到注目的。而在思想上最令人感到兴奋的是,神佛习合的展开与神道思想的独立。另外,从中世的佛教的世界观,转变成近世的人本主义的世界观也是受到瞩目的。这点则留待在第六章的"神与佛"中讨论。

---

〔1〕 莲如:本愿寺第八世。第七世存如之子。虽策划着中兴衰微的本愿寺,却遭到比睿山的阻挡,遂逃至越前吉崎。后来游走教化于摄津、河内、和泉等,并于山科重建本愿寺,留下很多教化用的信函《御文》(御文章)。

第五章　近世佛教的思想

近世佛教的问题点

统制下的佛教

葬式佛教的一般化

让我们来想想,今日的日本佛教寺院到底肩负着什么样的使命？虽然有些寺院是僧侣的修行场所,有些是信徒的信仰场所,但多数寺院属于檀那寺。所谓的檀那寺是寺院的境内设有檀家的墓地,且檀家的祖先供养、丧葬事宜成为寺院的最大事,因此,看到寺院或出家人,就令人联想到死人。所谓的"葬式佛教",虽然多半是批评的负面印象,但长期以来这样的形态却似乎没有改变的迹象。葬式佛教在日本好像被认为是理所当然的,而参访亚洲的其他佛教国家,他们的寺院是由过着严格修行生活的出家人和热心虔信佛教的信徒所维持。而佛教徒本来就应该过那样的生活,因此不得不令人感慨日本的佛教。

然而,也不能全盘地否定葬式佛教。在今日日本,一般生小孩、结婚等与生相关的喜事,会找神道帮忙;而与死相关的事,则找佛教,如此成为神佛分业体制,两宗也得以和平共存。又原本死为众所忌讳之事,日本人

110

以之为"秽",把"秽"委任给外来的宗教,因而确立了生活结构的安定平衡感。另葬式佛教的雏形可溯源自中世时代,但其一般化则要等到近世(江户时代);近世是确立了与现代日本的佛教形态相关的时代。这之间当然存在着强烈的政治性干涉手段。因此要了解近世的日本佛教,首先要回顾一下政治与佛教的关系。

天下统一与佛教势力

战国时代末期,一向一揆的扩大和以京都为舞台的法华一揆[1]的发展,都足以威胁到大名(诸侯)的生存,所以如何处理与日俱增的宗教势力,成为想统一天下的重要课题。特别是以暴力手段,企图一口气歼灭佛教势力的是织田信长。信长在元龟二年(1571年)火攻比睿山,接着兵刃朝向本愿寺的一向一揆势力,对信长而言,本愿寺的问题是很棘手的,结果是在天正八年(1580年)的议和桌上,使本愿寺的势力解体。期间,在天正七年,由幕府举办的安土宗论[2],安排日莲宗与净土宗辩论对决,并且有计划地策动导向净土宗获胜,并排斥日莲宗。继承信长的丰臣秀吉则一面利用武力使根来、高野山等屈服,一面着手佛教的复兴计划,例如在京都东山建立大佛殿,于文录四年(1595年)集合宗僧侣举行千僧供养[3]。但对此采不合作态度的日莲宗不受不施派则开始受到迫害。实际上,丰臣秀吉是有计划地想让宗教势力屈服在自己的绝对权力下。

如此,在江户幕府的开创期,佛教界已经失去对抗世俗权力的能力,轻易地被纳入幕府体制中,担任完成幕府体制临门的一个棋子。江户幕

---

〔1〕　法华一揆:天文元年至五年(1532—1536年)以日莲宗在京都的商人为中心所发动的法华信徒的暴动。当时在京都虽然是法华信仰的全盛期,但另一方面,一向一揆(真宗信徒反抗诸侯的民众暴动)的势力也逼向京都。京都的日莲宗信徒们武装起来击退了一向一揆,扩大了自治权。但在天文五年受到延历寺等势力的火攻(天文法难),而势力逐渐衰颓。
〔2〕　安土宗论:遵照织田信长的命令而在安土净严院举行的辩论。净土宗由灵誉玉念、圣誉贞安、信誉洞库代表,日莲宗则由日珖、日谛、日渊代表。日莲宗被判败北,被迫提出谢罪状且其活动受限。
〔3〕　千僧供养:集合许多僧人举行法会并供养饮食。在中国则首见于六朝时代,在日本则于白雉二年(651年)首度在宫中举行,而以天平胜宝四年(752年)大佛开光时的千僧供养最为有名。多数是带有权力者夸示其权力的意味。

府的佛教政策,虽然完成于宽文年间(1661—1673 年),但其最初阶段是诸宗、寺院法度的制定,命令各宗于庆长六年(1601 年)到元和元年(1615年)之间提出,而于宽文五年(1665 年)统合诸宗于诸宗寺院法度内,其后则有更详细的规定。同时也逐渐整备,直到现在都还留有很大影响力的是本末制度与寺檀制度[1]。

本末制度与寺檀制度

本末制度是以制度来确定本寺与本寺的关系,幕府并于宽永九年至十年(1632—1633 年)与元禄五年(1692 年)命令各宗的本山提出本末帐。因此,各种寺院呈现纵向系列化,如本山——本寺——中本寺——直末寺——孙末等。本山对末寺除了可以征收种种租粮、年贡之外,并对末寺人事等有支配权。这个制度除了将寺院纳入封建的体制外,也赋予本山对末寺极大的支使权力,所以本山的积极配合这个政策也是不容忽视的。

除了上述加强对寺院纵的支配系统之外,幕府对末端民众的监视支配,所使用的是横向的寺檀制度。所谓的寺檀制度,是使寺院与檀家的关系固定化,借此来贯彻禁止信仰基督教。也就是说,最初是寺院为其所属的檀家开具非基督徒的证明,这样的规定称为寺请制度,到了宽文年间,因"宗旨人别帐"的造册完成而制度化。当时所谓的禁止信仰基督教,毋宁说只是一个借口,其真正的目的是要控制民众。只用世俗权力无法完全贯彻其支配体制时,就利用宗教力量;从寺院的立场上来看,用世俗权力来保证寺院与檀家的关系,这是求之不得、再好不过的事。这样的互动过程,促成了中世以后由于佛教的推广,而使葬礼、法令普遍化、制度化。

德川家康于庆长十八年(1613 年)所颁布的《御条目宗门檀那请合之掟》[2],虽已证明是后代的伪作,但在该条目的规定中,规定人死后由宗

---

〔1〕 本末制度与寺檀制度请参照圭室文雄《江户幕府の宗教統制》(评论社,1971)、大桑齐《寺檀の思想》(教育社,1979)。

〔2〕《御条目宗门檀那请合之掟》:完成于 1700 年左右,记载寺院要求檀家的十五项义务。收录于《德川禁令考》前集五。

门寺的住持给予戒名,不可怠慢祖先的佛事等,若不遵从这些规定,就被视为邪宗门。本章开头介绍的葬式佛教形态,昔日借助权力而被强制执行,今日虽已失去强制力,其形态仍在持续。

对近世佛教的视角

"堕落佛教"的再检讨

如上述,近世佛教被纳入幕藩体制的组织中,在受到保护的同时,也成为政治的末端机构。从这样的存在机能来看,近世的佛教被烙上"堕落佛教"的印记,受到严峻的批评。称得上是近代佛教史学上的金字塔——辻善之助[1]的《日本佛教史》,在近世篇的最后别立"佛教的衰微与僧侣的堕落"一节,举了种种堕落的例子。在全卷的结语中,对江户时代的佛教做了如下的结论:

> "到了江户时代,随着封建制度的建立,宗教界也被嵌入其模型中,甚至幕府以钳制耶稣教为手段,利用佛教甚至制定檀家制度,使佛教完全地形式化。同样的本末制度与阶级制度也使佛教逐渐走向形式化……佛教几乎陷入麻痹状态,寺院因僧侣的怠惰,只形式上勉强地保有其地位。"

这样的看法,可以说是学界的常识,这个常识也是令近世佛教的研究落后的原因。但是,是否可以就这样单纯地断定这就是它堕落的原因?基本上还是令人怀疑。例如,使葬式佛教固定化的因素,当然有如上所述的原因,但另一方面其与日本人宗教感觉有相吻合的地方,才使它能在日本的社会中安定落实下来,即使如此,葬式佛教在已经失去强制外力的近代还能持续,像这样重新检讨近世佛教堕落的看法也是近世佛教研究的一大课题。虽然近年来渐渐有些研究成果出现,但其庞大的史料仍旧未

---

〔1〕 辻善之助:1877—1955年。历史学者,擅长史料编纂,东京帝国大学教授。确立了以实证的史料批判为基础的日本佛教史研究。《日本佛教史》全十卷(岩波书店,1944—1955)为其集大成之作。

整理,不得不等待今后的研究。

此处想从思想面来检讨,一般对近世佛教在思想方面的评价是不太理想的。像中世那样,佛教位居思想界主流的时代已经不再,近世是以儒学为龙头,佛教不得不把宝座拱手让人,已经失去像镰仓佛教那样的创造性能源,而流于世俗化、通俗化。面对这样的批评,确实该洗耳恭听,但这也是从中世到近世的时代变迁中所必然的,也不应一味苛责当时的佛教人。倒是在那样的时代背景下,佛教人是如何去面对的? 有必要从这样的观点来重新探讨。

思想的转换与宗教改革

为了探讨这个问题,这里仅供参考地介绍一下西欧从中世到近世的思想转换。西欧社会中世纪的价值观,基本上以神为中心,以罗马教皇为顶点的一元论基督教的世界观为基础。这样的价值观在经历十五六世纪的文艺复兴、地理的新发现、宗教改革等等之后,大大地动摇。

第一,从以神为中心的世界观,转换成以人为中心的世界观。这一点在文艺复兴时代已经昭然可见。在17世纪的哲学界,笛卡尔出世,主张"我思故我在",其根本原理是从神的世界降到以人为主的世界。又将重点从超越世俗优位的价值观转向世俗,例如在宗教改革上,从修道院的基督教,转向世俗的基督教的倾向是明显可见。

第二,从神学的世界观,转到科学的世界观。这也是从追求超越世界的原理的立场,转换成向现实世界中追求原理,这点与第一点有很深的关系。

第三,价值观多样化。这一点的最大意义是宗教改革。唯一而绝对的基督教界分裂了,而且不得不承认各自的对手。又地理上的新发现,虽然没有直接和欧洲以外的非基督教的价值观接轨,但终于随着时代的推移,承认基督教以外也有其他优良的宗教思想。另,基督教的绝对性也到了崩盘的边缘,甚至因科学世界观的普及,孕育出无神论、无宗教的立场。

像这样世界观、价值观的转换,在基督教界虽然受到种种批判,但也积极地对应。例如,以宗教改革为契机而产生的耶稣会(Jesuit)等的运动,随着严格的修道主义的重建,使天主教得以再度向世界弘法,发挥了很大的功用。又因宗教改革而成立的新教徒(Protestant)的诸派也在世俗的规范中建立其伦理,而成为孕育近代市民社会的精神。

与西欧中世到近世的发展做一比较,可知西欧与日本的近世有极相似之处。第一,在日本也可以看到儒学或心学等,在宗教面上超越世俗的观念越来越衰颓,相反地对世俗的人伦社会给予的评价则越来越高。第二,虽然科学的世界观未必马上成为主要的中心,在江户时代中期以后,洋学传入日本,自由思想家开始向新的世界观探索。第三,佛教、儒学、国学等及其他各式各样的思想齐鸣齐放,很明显地价值观变得多彩多姿。

在这样的情况下,日本佛教界虽然没有西欧那样的宗教改革运动,但也有种种新的动向。有与基督教的对决、来自儒学等的排佛论、戒律的复兴或教学的振兴所引发的教团重建等,更有相应于世俗化的民众教化等。上述的种种活动,是在接受权力庇护的既有佛教的框架内进行的。与之相对的,有一面受到权力压迫的同时,极力想保有宗教纯粹性的日莲宗不受不施派的地下信仰,也有从既有佛教的框架破框而出,成为新的民众的宗教等等。这些在幕末的时代孕育而生的,如天理教等新兴宗教受到瞩目。以下依序概观这些新动向。

与异思想的论争

基督教与佛教

从方济各书简看佛教

天文十八年(1549 年)七月二十二日(西历为八月十五日)对方济各(Francisco de Xavier,1506—1552 年)来说,是一个值得纪念的日子。这一天是方济各在鹿儿岛上,落下他踏向日本的第一步,并对日本抱有极美好的印象。

此国国民是我所遇的国民中,最为杰出的。依我看,在任何不信仰的国民中,没有比日本人更优秀的。总体而言,日本人有优良的素质,没有恶意,感觉上令人觉得舒服,他们的荣誉心特别强,且对他们而言名誉等同一切。[1]

滞留在鹿儿岛一年余后,方济各计划以日本为中心地开始他的布教活动,于是朝京都出发。由于战祸连绵,京城不适合驻足布教,于是中途他转道大内义隆所管辖的山口,在此停留近两个月,得信徒数百人。其后经丰后(大分县),离开日本是在天文二十年十一月。虽然是一个短暂的停留,但这同时也是日本与西欧宗教文化的首次接触,在意义上是极重大的。在包括回到印度及滞留日本的一些书简中[2],方济各记载了日本人对基督教所抱持的质疑,同时也率直地记载了对日本的佛教所抱持的感想,令人感到非常有趣。

据方济各的书简所载,日本人对基督教的教义,最感讶异的一点是神创造天地之说。因为在佛教,或中国古代思想中都没有这样的想法,也难怪日本人很难去理解。也令日本人感到疑惑的是恶及永远无法得救的地狱之存在。全知全能的神,为什么会允许恶的存在? 这是初次接触基督教的人必然会有的朴素疑问,然而,这样的问题在基督教的神学中,被视为是辩神论[3]的议题,且被充分地讨论。另一项疑问是,地狱的惩罚是永远的,这样的说法未免太过残酷。这样的疑问确实是很像日本佛教徒所发出的疑问,为什么呢? 因为在日本净土教教义中,即使是恶人也会因阿弥陀佛的慈悲而获救,相对的,基督教的神未免太不慈悲了;事实上,当时日本的出家人确实有这样的看法。又,即使是已成为基督徒的人,对不知有神的他们的祖先们,堕地狱且将永远无法获救这样的教义,日本人是

----

〔1〕 阿尔诺贝神父。井上郁二翻译的《聖フランシスコ・デ・サビエル書翰抄》(岩波文库,1949)第二十七书翰。

〔2〕 同上,第三十书翰。

〔3〕 辩神论:针对恶或神的存在与否的辩护师。辩神论一词的用法,虽然要下溯到莱布尼兹(Leibnitz,1646—1716年),但问题的本身自古以来就被议论着。基督教基本上认为恶是由人的自由意志违背神而来的,但全知全能的神为什么会允许这样的事发生? 这又是一个问题。

无法理解的。方济各在日本的传教非常困难,原因之一是因为祖先崇拜的理念,已在日本人心中根深蒂固。

另一方面,方济各又是如何看日本的佛教?他认为日本的佛教是由释迦牟尼佛及阿弥陀佛所说,从他们神秘性的一生看来,他们不是人而是恶魔。视佛教为恶魔的说法,在其后的基督教文献中常常可以看得到。在文献中,禅宗被认为是说灵魂断灭之教,受到最多的批评。又与基督教的天国之说有其共通性的极乐世界,被批评太过物质化。甚至在现实生活中,僧尼虽然主张守持戒律,实际生活中却非常靡乱,也受到批评,从这一点可以嗅出当时佛教界的些许气味来。

以上稍微介绍了方济各的书简。在两个宗教首次相互接触时,以各自的立场,好奇地触及到相当本质的问题。之后,由宣教师所写的有关佛教的论述并不少,且也有两者论辩的资料,但未必能超越方济各的书简。

巴鼻庵(Fabian)的破提宇子与佛法

如上所述,已经踏出第一步的基督教,后来因南蛮贸易的利益问题,而得到大名的关心庇护,故逐渐扩大其势力。特别是在信长的时代,在某种特殊意义的对佛教政策下,基督教受到保护。然而到了丰臣秀吉的时代,最初虽然也保护基督教,但到了天正十五年(1587 年)下达了驱逐伴天连宣教师的命令,对基督教的态度改变了方向。江户时代庆长十七年(1612 年)以后,逐渐加强取缔基督教,经岛原之乱,终于演变成宽永十六年(1639 年)的锁国。

随着基督教受到强权压迫的同时,也出现了由儒学及佛教方写的批判基督教的书(排耶书)[1]。这之中特别引人注意的有特异思想家不干斋巴鼻庵(1565—1621 年)[2]。巴鼻庵曾一度以基督徒的身份为基督教

---

〔1〕 排耶书:来自佛教及儒教批判基督教的书(排耶书),在基督教的全盛时期是看不到的,在禁止基督教的时代则纷纷问世,特别是来自佛教立场的批判为最多。以庆长年间的《伴天连记》为首。及《吉利支丹物语》二卷、铃木正三的《破吉利支丹》、雪窗宗崔的《对治邪执论》等,参照《キリシタン书・排耶書》(日本思想大系)。

〔2〕 巴鼻庵:安土桃山到江户时代初的人。最初在京都的禅寺修行,十九岁左右改信基督教,但在庆长年间又放弃基督教,并著《破提宇子》。

辩护,后来转向批评基督教。

巴鼻庵在身为基督徒时代的著作有《妙贞问答》[1],与批评佛教的《佛法的次第略拔书》,而在放弃基督徒身份后有批评基督教的著作《破提宇子》[2],两者相较,同样的主张却几乎给予相反的评价,实在有趣。例如,在前者批评佛教的重要论点是"佛法之极归于空。云佛者空也。去空直言无,若无物而言佛,则毫无道理",相对地说基督教是立"天地万象之御作者"、"真主"也。然而到了撰写《破提宇子》时代,却持完全相反的意见,对基督教批评:"云上帝为有德者,是夸也。犹又一毫未断之凡夫也。"对佛教则转变成:"无之一字,有不可思议之谓也。"作者的态度,不可否认的在表面上有迎合时代潮流的倾向,但是,其对基督教的"有"与佛教的"无"的立场,找出其根本的对立,不得不说有其锐利的见解。

排佛论的动向

用世俗理论批评佛教的儒者

藤原惺窝(1561—1619 年)本是相国寺的禅僧,关原之役后脱掉僧服改穿儒服,揭开了近世儒学之幕。惺窝的弟子林罗山(1583—1657 年)和也是江户初期的儒者代表山崎暗斋(1618—1682 年)分别是建仁寺与妙心寺的出家人。五山本是中世儒学研究的中心,所以五山儒者辈出也可以说是理所当然的。然而,他们不仅放弃佛教成为一位儒者,更转向批评佛教,不得不令人感慨世事多变。那么,是什么原因使他们做如此之改变?惺窝曾在家康面前与佛教僧侣承兑、灵三辩论儒佛的优劣,当时他做如下主张:

> 依佛者言,有真谛、有俗谛,有世间、有出世间。以我观之,则人

---

〔1〕《妙贞问答》:三卷。庆长十年(1605 年)著。内容是借由妙秀与幽贞的问答而展开,卷上为佛教,卷中是儒教與神道,卷下是基督教。卷上本已散逸,在近年才被发现。收录于《キリシタン教理书》(教文馆,1993)。

〔2〕《破提宇子》:一卷。书名采论破上帝(提宇子)之意,著于元和六年(1620 年),分七段批评基督教。收录于《キリシタン书・排耶书》(日本思想大系)。

伦皆真……圣人何废人间世。[1]

也就是说,他批评佛教的超世俗主义,主张世俗主义才是真理。这类的世俗主义主张,如前所述不论是东西洋,都是近世思想的特征。另外,据传是惺窝的著作《假名性理》[2]中批评佛教的堕落如下:

> 今时之出家者,蓄财宝,于堂室镶金银,锦缎裹身……鼓惑人心者、非佛本意……世之障碍者,出家之道也。

这种现象,在某方面可以说是佛教界的世俗化。原本采超世俗主义立场的佛教,当世俗化时,对世俗而言欠缺严格的伦理性;这点刚好与中世末期的天主教的世俗化一样,也被批评为"堕落",这与新教徒的世俗理论的自我主义立场很相似。

由近世初期的儒者所发起的排佛论,基本上是立足于这样的世俗理论。然而随着时代的流转,儒者们逐渐变成从执政者的角度考量该如何管理统制佛寺,并提出重建幕藩体制的具体方案等。又,儒者们往往在采取国粹主义立场的同时,也鼓励神道信仰,因此由于佛教的外来性,使其变成被攻击批评的对象。这种倾向演变成后来的神道家所主导的排佛论,更甚地则成为废佛毁释[3]的恶斗。

面对这样的排佛论动向,虽然佛教方面也提出反论,但多数不是从正面来反驳,他们一方面接受某程度的批判,一方面也主张佛教也可以成立世俗伦理等,企图融合佛教与儒学及神道。基督教与佛教在其"有"或"无"的根本原理上,显然是没有任何妥协余地。相对地,江户时代的儒学以世俗伦理为中心,未必深入到形而上学的原理及世界观的问题,其回到根本原理的辩论是较弱的,在这一点上也是不彻底的。因此,当时的佛教动向,与其说是有以直接反驳为目的的论著问世,毋宁说如后述的在内

---

〔1〕 林罗山《惺窝先生行状》(《罗山林先生文集》)。收录于《藤原惺窝、林罗山》(日本思想大系)。

〔2〕 《假名性理》:一卷,亦名《千代与草》,与《心学五伦书》内容相同,但很难去认定它是否是惺窝所作。收录于《日本的思想》十七(筑摩书房)。

〔3〕 废佛毁释:明治初年采神佛分离政策,在各地的寺院相次遭受破坏,僧侣被迫还俗。佛教因而受到很大打击,旧有的民众的神佛习合信仰产生极大变化。

心接受批评,而行动上立志于复兴戒律,或者确立佛教立场的世俗伦理等方向是值得注意的。

科学性排佛论的登场

与上述排佛论不一样,佛教对某些排佛论则采正面的反驳,即那些立足于科学的、批判的立场而对佛教经典的信赖性提出质疑,或对须弥山说[1]等世界观提出批判等。这里列举富永仲基(1715—1746 年)与山片蟠桃(1748—1821 年)的例子来说明;有趣的是两人都是出身于大阪的商人,且受学于怀德堂[2]。

富永仲基的想法是所谓的“加上说”,即主张后代的思想超越前代的思想,在前代的思想上加上新的要素,也就是以科学的态度来掌握思想史为指标;而将之应用于批评佛教经典的是其主著《出定后语》[3]。该书明白指出佛教的经典全是释尊说的主张是错误的,而主张新经典的制成是在释迦说之上加上新说而完成的。这样的主张与现代的佛教研究相连,是极优秀的想法。如此一来,在日本深受信仰的大乘经典,变成都不是佛陀所说的(大乘非佛说论),这样的说法被认为动摇了佛教的根底。因此有像平田笃胤[4](1776—1843 年)那样的排佛论者,乐于采用加上说的主张批评佛教,当然也受到佛教者强烈的拒绝反应。

山片蟠桃是在日本少数为人所知的合理性唯物论者,其主著《梦之代》[5]就是从这样的立场,来讨论自然、人、事等万事万物的问题。特别

---

〔1〕 须弥山说:佛教世界观的代表说,说此世界的中心有一座须弥山,其周围由山脉与大海所围绕,四方各有大陆(四洲),其中人住在南方的阎浮提。
〔2〕 怀德堂:享保九年(1724 年),以中井甃庵为中心的大阪商人们所创设的私塾。在甃庵的儿子竹山、履轩等的指导下,商人们的财力与精神得以合理发挥。富永仲基、山片蟠桃等人才辈出。
〔3〕 《出定后语》二卷。延享二年(1745 年)刊行。收录于《富永仲基、山片蟠桃》(日本思想大系)。
〔4〕 平田笃胤:国学者。虽然以本居宣长的继承者自居,但与居长相较,其宗教性、实践性的性格较强。其著作《出定笑语》乃承袭《出定后语》路线批判佛教。
〔5〕 《梦之代》:十二卷,刊于文政三年(1820 年)。一部从天文地理到历史、经济、宗教的百科全书。以合理的、科学的角度呈显出古代史的诸多疑问,投石问路的先导作用极大。收录于《富永仲基、山片蟠桃》。

是第一章的天文篇主张地动说,就是站在合理唯物论的立场来批须弥山说等佛教一向所主张的世界观。又第九章的异端篇则一味地批判佛教的地狱、极乐、轮回等说法的非合理性。姑且不论蟠桃的地动说如何,在天动说中立足视大地为球形的地球说,来批评须弥山说的人在 18 世纪有不少。这也关系到佛教的根本世界观,佛教方面虽然也提出反驳,因为不能充分地认识这样的科学理论及其意义,所以也可以说是近世佛教的一项极限。

佛 教 重 建

振 兴 教 学

檀林之学及其界限

近世的佛教虽然一面在幕藩体制下受到政治的规制,一面也受到来自其他思想的批判,当时的佛教人士们仍然摸索着寻求佛教的新形象,例如,诸宗教学的振兴、戒律的复兴,等等。幕府对诸宗的控制策略之一是策划振兴各宗的教学,诸宗的法度书也明白地记载这样的事。从此诸宗在各地设置所谓的檀林[1]、学林等僧侣养成的机构,也是钻研宗学的地方。例如,净土宗增上寺的存应(1544—1620 年)得到家康的赞助,设立了关东十八檀林。研究体制逐渐整备,加上随着大藏经或诸宗典籍的出版,各宗均有很优秀的学僧出世,且有丰硕的研究成果。此处则省略其详细部分,仅述全体的特征。

此等诸宗之学,以自宗开祖的著作为中心,另外也以各宗所重视的中国、日本的高僧著作或其他所据经典的研究为主。例如,净土宗以法然(源空)的《选择本愿念佛集》为中心,再加上净土三经及中国善导的著

---

〔1〕 檀林:栴檀林之略语。像栴檀的树林那样,指德高望重的高僧们所聚集之所。净土宗的关东十八檀林之外,有日莲宗一致派之关东八檀林、关西六檀林,天台宗则有关东十檀林等。净土宗的关东十八檀林最为完备,最具代表性。

作,或中世时代集净土宗教学之大成的圣冏[1](1341—1420年)的著作,都是被研究的对象。其他可说是各宗共通的佛教基础学——俱舍、唯识、三论、华严、天台等学问也是被研究的对象。其研究方法,虽然以这类书的注释研究为主,也有一些纲要书问世。之所以会以这种形态为主,是因为以檀林的上课讲义为基础所致。精准的注释态度是古学及国学的学者们共通的研究方法,即使在今天,这种方法仍是通用的,其优异成果也很多。实际上,即使在今天各宗的宗学也都是以江户时代的研究为基础。

但也不能忽略其在研究上的极限。首先在研究对象上,当然只有汉文的文献资料,除一部分先驱者不完全的研究外,无法回到用梵文等印度的语言来研究。当然这是受到时代的制约,也是无可厚非。但是,比这个更严重的问题是所谓的宗祖无谬说,认为经典所述及宗祖的言语都是真理,完全不能有些许批判性观点介入。这也是无法正确地接受大乘非佛说论,或批判须弥山说等的原因之一吧!幕府因恐惧随着教学的振兴而带来教界思想的混乱,所以禁止宗派间的辩争或在同一宗派内树立异说等,因此无法培养出自由讨论及批评性研究。

安乐律论争与三业惑论

虽然如此,也不是完全不会产生论争。一旦产生论争,则以之为导因而在思想、研究上可以看到新的发展,可见自由地讨论、论辩是多么的重要。当时主要的辩论有日莲宗不受不施的问题、天台宗的安乐律论争、净土宗的三业惑乱等问题。有关不施不受的问题容我后述,这里则想先简述后二者。

所谓的安乐律论争,是从禅宗转到天台宗的妙立慈山[2](1637—1690年)的主张开始,妙立批评最澄以后在比睿山所实行的大乘戒,而主

---

〔1〕 圣冏:净土宗中兴者。小石川传通院的开创者,有《观经疏传通记糅钞》等著书。
〔2〕 妙立慈山:美作(冈山县)人。初学禅宗,后转天台宗,主张应依四分律与四明天台。

张应该学习通大小乘的四分律。妙立的弟子灵空光谦[1]（1652—1739年）以比睿山的安乐律院为据点宣扬师说。他们的主张是对中世以来随着本觉思想的进展，而产生未能持戒思潮的省思，希望恢复最澄之前的严格的四分律，同时在教理上也批判本觉思想，他们的目标是期望回归中国的正统天台教学。虽然安乐律派逐渐扩展他们的势力，然而想保持最澄以来持大乘戒的传统的真流（生殁年不详）等持反对态度，于是两派起了争执。结果在幕府的裁定下，安乐律的正统性得到肯定，而结束了此一争论。

所谓的三业惑乱，是一项几乎动摇净土真宗西本愿寺派的论争。因为真宗在民众的信仰上，经常强调弥陀救济的绝对性，主张弥陀与我的一体性，所以类似本觉思想——提出无须另外向佛陀祈求"接引我"之类的想法。西本愿寺的功存（1720—1796年）等主张应该具备身、口、意三者作用的（三业）求往生是必要的。虽然功存之说在学林中具有权威，而被视为正统说，却相继不断地受到来自各地信徒的批判，终于发展成在实力行使上引发纷争，而遭到幕府的处分。

三业惑乱的骚动，站在重新批判中世以来的本觉思想倾向，而主张自己的正统性，这一点与前述的安乐律骚动是一样的，这也可以看作是近世佛教教学思想上的特征之一。本觉思想从立于原貌的立场，到和做什么都可以的易陷入堕落的想法相结合；这也是排佛论者所责难的，也使改革派逐渐加强批判本觉思想倾向。这种想法表现在实践面上，成为戒律复兴的运动。这种情形不仅发生在天台宗，在其他各宗也是可以看得到的，这可以说是近世佛教的特征之一。此类动态可列举的有西大寺等的律宗、日莲宗的草山律[2]（法华律）、净土宗的净土律[3]、真言宗的正法律[4]。

---

〔1〕　灵空光谦：筑前（福冈县）人。一心一意想复兴天台教学，著书颇多。
〔2〕　草山律：草山元政（1623—1668年）所提倡以《法华经》为依据的戒律。
〔3〕　净土律：灵潭（1676—1732年）开始，提倡持戒念佛、念戒一致。
〔4〕　正法律：以慈云饮光所提倡的十善戒为中心。后述，请参阅125页。

世 俗 与 佛 法

佛教人士对世俗伦理的对应

　　如前所述,来自儒学等的排佛论中,被排斥的重要论点之一是佛教立于超越世俗、无视世俗伦理的立场。不说受到儒学的批判,佛教人士也充分认识到近世俗价值观的改变,因此如何应对,对佛教人士而言是一个大问题。关于这一点,镰仓时代的明惠已经主张"应该有的样子"[1],"僧应该有僧的样子,俗应该有俗的样子",也就是说在家人应该尽在家人应尽的义务。又中世的本觉思想的发展,也对这一点有很大的助益。

　　关于这一点,近世的佛教徒中,采积极应对的例子中,以江户初期的禅僧铃木正三(1579—1655年)最受瞩目。正三虽是三河的武士出身,四十二岁时才突然出家,行脚于诸国,累积禅的修行,其禅风也与武士出身有关,是极严峻的。而使他成为名人的原因是他的著作《二人比丘尼》[2]、《念佛草纸》[3]等。以故事形式用很平易的方式来说佛法,另外他又在《万民德用》[4]等书中,陈述宣扬其"职分佛行说"的主张。所谓的"职分佛行"是主张士农工商各自善尽自己的职分,就是佛行。例如,他对农民做如下之开示:

　　　　农业则佛行也……夫农人之受生事,乃天授养育世界之役人也。
　　　　若此身一筋任奉天道,不假自益正奉守天道而务农,作出五谷……
　　　　(《万民德用》)

　　也就是说,农人专心于上天所赐予的职业——农业,就是履行佛道。其根本是"佛语若得入世间,即出世无余。此文正是世法成佛之理,然世法则佛法也"。(《万民德用》)从此引文可窥得与本觉思想非常接近的

---

〔1〕 "应该有的样子":语出《明惠上人遗训》。
〔2〕 《二人比丘尼》:二卷。宽永九年(1632年)著。透过死于沙场的须田弥兵卫之妻的行脚经验,来谈世之无常与佛道修行。收录于《铃木正三全集》。
〔3〕 《念佛草纸》:二卷,以坚寿比丘问,幸和僧答的形式,论说念佛之事。收录于《铃木正三全集》。
〔4〕 《万民德用》:一卷,宽文元年(1661年)刊,收录于《假名法语集》(日本古典文学大系)等。

"现象即佛法、世俗即佛法"的立场。但,不同的是本觉思想在伦理规范上失去控制并朝堕落方向前进,而这里则相反地借着与世俗伦理相结合,以因应新时代的新趋势。不过,不能忽视此一立场同时也包括了"佛曰:佛法附属于国王大臣有力檀那。然则公仪御下若不知,则不为佛法正理"等此类世俗权力优先的立场。

应对世俗伦理的还以临济禅的白隐慧鹤[1](1685—1768年)、真言宗的慈云饮光(1718—1804年)等为有名。慈云提倡正法律,尽全力于戒律的复兴,又主张所谓的云传神道,即他独自的神佛一致说,甚至利用非常贫乏的资料所做的梵语研究也是值得注意的成就。他活动的范围非常广,特别是针对在家人所做的《十善法语》[2]、《为人之道》[3]等,说十善戒[4],教说应恪遵世俗伦理。

从妙好人看民众信仰

然而,如上所述对世俗化的对应,都是由学养、修行都很丰富的僧侣所说,也就是所谓的在上位者的法说。那么,事实上,其落实到民众之中又是如何? 被称为"妙好人"的笃信真宗的信徒们正是呈显出民众在世俗生活中如何加深信仰的最佳写照。"妙好人"一词,最初由西本愿寺派净泉寺的仰誓(1721—1794年)编纂的《妙好人传》[5]开始使用。其后的续编及类书,一直到近代出版发行数量之多,其影响之巨也是可窥知的。

---

　　[1]　白隐慧鹤:江户中期的禅宗中兴者。号鹄林,骏河(静冈县)人,十五岁时跟随松荫寺的单岭祖传出家。参访诸方,特别是继承了信浓的正受老人(道镜慧端)的法脉。除改良公案禅成为今日临济禅的基础外,并致力于以平易的语言教化民众。著书有《远罗天釜》、《夜船闲话》等。

　　[2]　《十善法语》:十二卷,有文章体与口语体二种版本,后者为文政七年(1824年)开版,收录于《慈云尊者全集》。

　　[3]　《为人之道》:是《十善法语》的简略本,虽然同名的东西有三种编本,然流传最广的是初编本。收录于《假名法语集》、日本古典文学大系。

　　[4]　十善戒:不杀生、不偷盗、不邪淫、不妄语、不绮语、不恶口、不两舌、不贪欲、不瞋恚、不邪见等十戒。前三者是身戒,中间四者口(语)戒,最后三者是意(心)的戒。与此相反的是十恶。

　　[5]　《妙好人传》六卷中,初卷是仰誓所编,二至五卷为僧纯编,最后卷则是象王所编。于天保十三年至安政五年(1842—1858年)间个别刊行,而后才被收集在一起。其中初卷及二卷收录于《近世仏教の思想》(日本思想大系)。

从《妙好人传》等书中可看出初期的妙好人,孝顺父母、勤劳公正,在信仰面上则经常参访本山、奉献布施等,明显地显示出在封建社会中顺从的民众像。例如,初期的妙好人代表——大和的清九郎,虽然是贫农且是文盲,但对父母极尽孝道,他因为误伤了父母的枕头,而觉不敬想上吊自杀。其孝行传到领主耳边,得到了领主的褒扬,但清九郎却把赏金全数献给本山。故事描绘了在现实生活中彻底尽孝、彻底无欲的形象。又清九郎遭窃被偷走一贯钱时,却高兴地说平时是不会有这笔钱的,小偷先生在刚刚好的时候来,真好。同样的例子,在石见(岛根县)的九兵卫身上也可以看到:不知道谁把灌田的沟渠口给堵住,水无法顺畅地流到九兵卫的田里来,他却乐观地说,真好,水流入别人田中。但这种无争的态度,在现实的世俗伦理角度来看时,是否能得到积极的评价与肯定? 还是有些疑问。

到了幕末时代,对妙好人逐渐描述其深度的内面境界。例如,赞岐(香川县)的庄松(1799—1871 年)、浅原才市[1](1850—1932 年)等最为有名。浅原才市属于近代的人,他是造船的木匠,也是制靴的鞋匠,他经常在灵感来时,随手以即兴诗歌的形式记下自己的心境,其与阿弥陀佛成为一体的自由世界,是别人所无法仿效的深邃境地。例如:

不是我变成阿弥陀佛,而是阿弥陀佛变成我。南无阿弥陀佛。

你看,你看,又来了,又来了。小心翼翼地,小心翼翼地出来了。出来了,出来了。

即使是出来了也是无聊,我,觉得好慢,我是幸福的,机法一体,南无阿弥陀佛。您的恩德令人高兴,南无阿弥陀佛。

地下信仰与新宗教

备受世俗权力压迫的不受不施派

文禄四年(1595 年),丰臣秀吉为纪念大佛殿落成,遂召集各宗的僧

---

〔1〕 浅原才市:岛根人。虽不学无术,却留有很多以假名书写自己独自心境的诗,其诗得到铃木大拙等高度青睐。

侣举行千僧供养大会。面对丰臣秀吉召开举办的千僧供养大会，是否应该参加，成为日莲宗宗内的大问题。原本中世的日莲宗，是禁止接受不信仰《法华经》的人的布施，也不能布施给他们。若遵循这个原则，理应不能接受丰臣秀吉的供养。但现在举办供僧大会的施主是当权者，而且算准日莲宗会抵抗权力，这犹如织田信长设计用安土宗论来削弱日莲宗的势力一样，千僧供养是想以强硬态度来试探日莲宗。因此，宗内的多数人所采的意向是，只有这一回不得已接受。但是，唯有妙觉寺的日奥（1565—1630 年）反对，他主张必须贯彻原则。因此，日莲宗分裂为妥协派的受不施派和非妥协派的不受不施派。日奥虽然退离妙觉寺，却在庆长四年（1599 年）被德川家康请到大阪城，让日奥与妙显寺的日绍辩论，其结果是日奥被流放到对马。但是地方寺院，特别是池上本门寺等关东诸寺院中不受不施派的势力较强，导致受不施派的身延寺派常受排挤。因此，身延派向幕府控告池上的日树（1574—1631 年）等，于是宽永七年（1630 年），幕府让两者在江户城辩论，辩论的结果是日树等被判流罪，不受不施派的主张被判定为邪义（身池对论）。其后虽然幕府仍再三地颁布禁令，却不见不受不施派的势力衰退，终于幕府提出不受不施派的"寺领"也是来自幕府的布施。最后在宽文九年（1669 年）禁止了不受不施派的寺请，于是不受不施派被赶出寺院，不得不转向地下。

　　上述过程凸显出世俗权力与宗教极严峻的对立关系。前节所述诸宗动向，例如在介绍铃木正三时，已经论述了唯有承认世俗权力才有被认可的空间。但对坚持不屈的部分宗派又会变成怎样？不受不施派所受到的压迫就是最好的说明。在幕府的体制下，不受不施派变成继基督教之后，受到严峻取缔的对象。但不受不施派并不因此而被消灭。在镇压下，信徒们表面上虽然是转向受不施派，暗地里却谨守着不受不施派的信仰。他们的组织采纵向方向，即法头——法中——法立——内信（一般信者）。为了防备被举发，他们想尽各种方法，终于在严厉的取缔镇压下保全了下来。不受不施派重新被认可是在明治九年（1876 年）。

　　与不受不施派不同形态的地下信仰有真宗的隐匿念佛。隐匿念佛包括了被禁止念佛的萨摩(鹿儿岛)萱壁教[1]、本愿寺派因异安心[2]问题而被禁止的秘事法门等,甚至在东北也有隐匿念佛。秘事法门、隐匿念佛等都具有强烈的秘密结社性质,他们选择在不醒目的泥灰土墙仓库等地方,连续呼喊着"救我"的念佛,在精神恍惚的精神状态下达到与佛陀一体化的神秘主张。具强烈密教色彩的这类结社也成为被镇压的对象,这也正反映出所谓的正统信仰并不能满足民众的心[3]。

既成教团的衰退与新宗教的勃兴

到了幕府末期,传统的正统信仰无法满足的民众的要求,慢慢地成为孕育新宗教的母体。这些新宗教[4]未必都能纳入佛教史的范畴内,例如天理教是受到佛教及种种民间宗教等复合因素的影响而成立的新宗教,这点应该做些说明。

天理教的开祖中山美贵(1798—1887年)在十三岁时嫁入地主中山氏的家,在农家辛苦的劳动中,除了生产、育儿等等,还要忍受丈夫的放荡,在艰苦的环境下过着祈求弥陀救助的念佛生活。然而,天保九年(1838年),中山美贵四十一岁,为了治疗长子的脚病,向山伏的神灵祷告祈请时,被神灵附身成为一名灵媒。他们认为这个附在中山美贵身上的神灵,是为了解救三千世界而从天下降的"天将军",以美贵的身体为"神社"。之后中山家虽然没落了,美贵却在治病及安产的祈祷方面得到很好的评价。另外,附在美贵身上的神——"天轮王"并不局限于此一层次,而是具有发愿救助全世界,绝对神的性格。她认为今后将是由神支配的时代,每个人都是平等的,所以不容许造恶,并劝人应舍弃恶心,敬奉神

---

[1] 萱壁教:因萨摩(鹿儿岛)禁止念佛,因此信徒们将本尊藏在萱壁里面而有此名。以其为真宗信仰与本土信仰的习合而受注目。

[2] 异安心:在真宗里面发生的异端信仰形态。甚至在亲鸾尚在世的时候已经有种种异义产生,例如因异义而与自己的亲生儿子善鸾断绝父子关系,之后也仍然异义丛生。前面提及的三业惑乱也是江户时代异安心的一项代表案例。

[3] 有关民众的地下信仰请参照片冈、圭室、小栗的《近世の地下信仰》(评论社,1974)。

[4] 新宗教:幕末兴起的新宗教,到了明治时代被称为教派神道的,有天理教、黑住教、金光教等十三派。有关新宗教请参照《民衆宗教の思想》(日本思想大系)。

灵,过着有朝气、开朗的生活。美贵的这种想法,被以"假名和歌"的体裁写成天理教的教徒视为圣典的"御笔先"。明治以来,天理教忍受着再三的镇压,却不断地扩增其信徒,终于在美贵殁后的明治二十一年(1888年),天理教被视为教派神道的一派而得到国家的认可。

　　以天理教为首的新宗教之所以在幕末时期如雨后春笋般相继成立,当然与来自幕府的统治力量逐渐减弱有关,而最主要的原因是在重重的社会不安中,既成的教团无法充分地达成有关民众救济的机能。在中山美贵成立天理教稍前的文政十三(1830年),整个日本弥漫着"托福巡礼"(おかげ参り)[1]的狂热风潮,又在讨幕的最高潮中,人们在唱着"不是很好吗"(ええじやないか)[2]的歌中狂舞。另外,在尊皇攘夷的声浪中,终于掀起维新期的废佛毁释,佛教界在种种的苦难中迎接了近代。近代的佛教也被卷进国家主义与侵略战争中,绝非是走在平坦的道路上。

---

　　[1] 托福巡礼:在民间兴起的一股狂热参访伊势的现象。在江户时代有数次,家仆们没有得到主人的许可,不带任何行李地擅自离家,途中接受他人的施舍,边歌边舞地奔向伊势。
　　[2] "不是很好吗":发生于庆应三年(1867年)到隔年的一种民间狂热宗教现象。据说天降护身符到伊势神宫等地,民众们一边唱着"不是很好吗"的歌,一边跳着舞。

附录三　佛教的本土化

日本人的宗教意识——统计所呈显的奇特结果

首先请大家看一项统计，这是 1988 年 12 月 31 日截止，有关日本各宗教的信徒总数[1]。

神道系	111 791 562（51.3%）
佛教系	93 109 006（42.8%）
基督教系	1 422 858（0.7%）
诸教	11 377 217（5.2%）
计	217 700 643。

日本人信仰宗教总人数中，神道系占半数以上，为各教之首，佛教系居次。但仔细再比对，这些数字有些奇怪，也就是说，信仰宗教的总人口数超过二亿，而日本的总人口数是一亿二千一百零四万人（1985 年止）。也就是各宗教的信徒总人数比日本的总人口数多达二倍之多。日本人再怎么有宗教心，这样的数字比例，还真有点愚蠢。

另外，再来看另一个统计数字，这是世论调查所公告的数字[2]。

---

〔1〕 据文化厅《宗教年鉴》平成元年（1989 年）版。
〔2〕 NHK《日本の宗教意識》（日本放送出版协会，1984）。

	日本	美国
有信仰的人	33%	93%
无信仰的人	65%	7%

　　只从信徒人数（前者）的统计数字上看来，日本人被认为是很有信仰的人。然而再看后者的数字，有宗教信仰的日本人占总人数的三分之一，这点与美国相较，日本简直可以说是无信仰之国。

　　再看另一个统计表，这也是来自世论调查的数据，虽然有些旧，但这是针对信仰哪一个宗教的问题所做的民调[1]。

佛教系	27%	神道系	4%
神佛两方	2%	基督教系	2%
以上之外	1%	无宗教信仰	62%
其他	2%		

　　无宗教信仰者居多数的特点与前述NHK的调查一样，与最前者的信徒总数相较，极端不一样的是神道系。前述的信徒人数中，占了几近与日本的总人口数一样的神道系，这个统计即使加上神佛两方都信仰的百分比，也只有百分之六而已。

　　怎么会有这么奇特的结果？看来最大的问题是出在信徒总数中神道系的数字。神道系中有8 639万人，是来自神社本厅的信徒，这超越了战前的国家神道以来的氏神——氏子关系。在本人都不知情的情形下被列为信徒，实在有点可怕。

　　这些姑且不论，这里要谈的问题是佛教。佛教的情形虽然不像神道那样极端，但其信徒数的统计超过了9 000万，在这将近总人口数八成的佛教徒中，自觉自己是佛教徒的人不到27%，数字还是大不同。这种情形也与神道一样，在信徒数的统计上将檀那寺与檀家的关系列了进来。

　　如上所述，在日本不管本人是否有自觉，都被卷入宗教体制内。当然也不能说这只是体制的问题。公然声明自己没有信仰，但到了大年初一

──────────

〔1〕《朝日新闻》1981年5月5日。

却涌向神社,中元节、春分秋分到寺院参拜,孩子的七五三礼在神社,结婚典礼在教会,殡葬仪式在寺院举行,像这样兼具数种宗教的人并不稀奇。这与欧美人谈到宗教,则立于自觉的信仰基础的观念来谈,未免差距太大了。国人中只有三分之一的人属于有自觉的信仰者,这并不意味剩下的三分之二与宗教无关,而在信念上贯彻无宗教的才是真正稀少。

但,无宗教信仰是否也称得上是一种宗教?信仰难道不只是一种习惯性的行为吗?事实上,在今日的神道到底是宗教还是习俗的议题,常常被旧事重提。那并不是抽象的教理议论,像官僚们的靖国神社参拜,天皇即位时大尝祭是否与宪法抵触等等,关系着极政治化的问题。佛教像神道那样发展成与政治相牵连的情形并不多,但像葬式佛教那样融入习俗中的佛教,与镰仓的祖师们的崇高思想有什么样的关系?两者可以同样名之为佛教吗?答案仍是有些疑问。然而若无葬式佛教[1],佛教无法落实在日本社会中也是事实。

本书以思想为中心,所以暂时不深入去谈佛教与习俗的问题,但若抽掉此项,则无法谈日本的佛教,因此在此简单的对此问题,特别是从葬式佛教的观点略加说明。

日本佛教与死者供养的关系

在今日,很多日本人是透过葬礼及追荐法会而接触佛教,这也是为什么叫葬式佛教的原因。特别是最近在都会中,葬仪上的所需大部分委托葬仪社。虽然如此,除了拥有佛教以外的信仰者,或无宗教信仰的人以外,通常都会请檀那寺的僧侣来主持佛事。大多数从地方来到大都会的人,其檀那寺与檀家的关系虽然未必明显,他们还是习惯请与他们家族同宗派的僧侣来做佛事。

日本的葬礼通常从告别式前一晚的灵前守夜、告别式、火葬之后,到七七、四十九日截止的每个七都要举行佛事。以前每个七都要做佛事,现

---

　　〔1〕　葬式佛教：有关历史方面的请参照圭室谛成《葬式佛教》(大法轮阁,1963),有关现代的问题点则请参阅藤井正雄《葬儀を考える》(筑摩书房,1990)。

在则较少。只举行头七和四十九日,甚至在东京等都会在葬礼后,马上以简单方式举行头七的也很多。在七七、四十九日左右埋骨(即将骨灰放到墓地内),其后要举行较大佛事的有百日、周年忌、三年忌、七年忌、十三年忌、三十三年忌等。此外,每年的忌日、中元、清明等到寺院扫墓,或请僧侣到家中诵经。在家中安置佛坛、牌位、献香、供菜等。大抵普通家庭对亡者的供养与寺院的往来,如上所述。

到底佛教与亡者供养的关系开始于什么时候?法隆寺的释迦三尊、天寿国绣帐等是为了追荐圣德太子而做的,其起源可以追溯到飞岛时代。但葬仪与佛教有关联的时间,从文献上看来要在稍后的奈良时代。有关圣武天皇的葬仪有这样的文献:"御葬之仪,如奉佛。供具有狮子座、香炉、天子座、金轮幢、大小宝幢、香幢、花缦、盖伞之类。"[1]这可能是最早的记载。在更早之前,持统天皇以道昭为例,自己的葬礼也以火葬举行(大宝三年,703年)。当然,火葬源自印度,与佛教同时传入日本是毋庸置喙的。

佛教式的葬礼及死后的供养,在平安时代的贵族社会中可普遍看到。特别是因为净土教的普及,死后的世界即极乐净土的观念被一般化,因此,如何才能往生极乐世界,或如何令死者安住于极乐世界,是受到极大关心的。其中,源信及庆滋保胤等所指导,以比睿山僧侣为主的结社活动——二十五三昧会,则是仰赖同伴间的互助,以念佛往生为目的,死后举行念佛葬仪,将以光明真言加持的土砂撒在亡者的遗骸上,盖安养庙,在坟墓后插上卒塔婆等。据说将光明真言加持过的土砂撒在遗骸或墓地上,能使亡者除罪障,在极乐世界成佛,此因为镰仓时代栂尾的明惠高弁所极力推广而普。和这些贵族及僧侣们相对的,将佛教传入一般民众之间的是被称为"圣"的私度僧。他们埋葬死于路旁的人,并将念佛普及于民间。

佛教与葬仪及对亡者的供养等的关系越来越明显,在中世时代新成

[1]《续日本纪》天平胜宝八年五月。

立的新佛教,不管各自祖师的想法如何,其结果都使丧葬供养的关系有更深一层的进步。例如,主张只管打坐的曹洞宗,如果看他们 15 世纪的僧话录,其中过半以上谈的是丧葬祭仪关系的内容,可以说几乎已经百分之百的葬式佛教化了。

在江户时代确立下来的寺檀制度,应该可以说是葬式佛教发展的一个总结。让寺院与檀家的关系得以确定的寺檀制度,虽然最初是以为了能彻底禁止基督教为目的,最后寺院被利用成控制民众的行政上的末端机构;这里面葬仪与祖先供养成为连结寺院与檀家的最大支柱。《宗门檀那请合之掟》一书,虽是假借家康之名的后人之伪作,但书中的规定却广被履行。书中规定了丧葬的仪礼、檀家的义务。明治以后,虽然解除了政治性的强制手段,却仍留下寺院与檀家的关系。甚至在今日,虽然古代家的制度已经不存在了,葬式佛教的机能却仍旧不变地持续着。

葬式佛教的思想依据为何?

接下来要谈的问题是,葬式佛教在佛教思想中,有什么样的依据? 佛教原本是追求自己开悟的宗教,对死者供养的问题,至少不该占中心位置。至少释尊在涅槃前,将处理自己遗体的事交给在家信徒,而要求出家者专心于修行。

在印度,后来虽也有为了追荐亡者而捐献佛塔。促使这类行为成为事实的思想依据,可能是来自回向[1]的想法。回向者,追善回向也。即使在现代也常被使用,其原意是将善行转向某目的,例如将其转向自己的开悟也是回向。特别是随着大乘佛教的形成,菩萨的利他精神被高度地宣扬,将自己的善根转为利益他人的回向之说受到肯定。为了已经无法行善的亡者,代替他们行善,并将此善行功德回向给死者,这就是所谓的追善(追荐),追善的原理就是这样成立的。若从印度的业的思想来看,自作自受——原则上自己所做的业要自己负担的,所以回向之说,不可不

---

〔1〕 回向:参照梶山雄一《"さとり"と"廻向"》(讲谈社现代新书,1983)。

谓是佛教教理的一大转变。另外,在印度从吠陀时代开始,就有若无子孙供养的灵,将从天堂的乐园转落下来的想法,承袭了这样的古信仰也是不容忽视的。

但,如大家所知道的,业的思想与轮回相结合。佛教也采用了这样的思想;部派佛教以来,认为一般人在死后经过四十九天,就会接受另一个新生命。在死后至接受新生命的这一段时间,被称为中阴(中有)。在四十九日间特别盛行的追善法会,也是因为一般认为这段时间的善行,回向给亡者能使亡者有更好的来世。但若果真如此,过了中阴期间,追善回向不就没有意义了吗? 关于这点,想找个简明利落的理论,似乎很难。

亡者供养的雏形,虽然滥觞于印度,而开始有大发展的是在中国;其一是中阴以后的佛事(仪轨)的整备。四十九日间的每个七的佛事、百日忌、一年忌、三年忌,加起来共计十次,也称十佛事。这与十王信仰相结合。十王信仰是从阎魔[1]信仰演变而来的,虽然死后的审判官——阎魔王的信仰,与自作自受的原则相矛盾,但也是起源于印度。其发展从"初七日、秦广王"、"二七日、初江王"、"三七日、宋帝王"、"四七日、五官王"、"五七日、阎罗王"、"六七日、变成王"、"七七日、太山王"、"百日、平等王"、"一年忌、都市王"、"三年忌、五道转轮王"等,各于不同的日子接受各自的审判。在日本,更加上七年忌、十三年忌、三十三年忌等,而成为所谓的十三佛事。于十三佛事各配上各自不同的佛菩萨,而成为十三佛信仰。

在中国普遍盛行的佛事之一有盂兰盆法会。盂兰盆是梵语ullambana 的音译,也有学者认为盂兰盆法会起源于西亚。《盂兰盆经》[2]中讲述了此法会的源起,依经中所载,释尊的高徒大目犍连利用神通看世界时,看到自己的母亲堕在饿鬼道受苦,于是大目犍连向释尊请示该如何是好。当时,释尊告诉他在七月十五日的自恣日(安居修行的

---

〔1〕 阎魔(Yama-rāja):印度的吠陀以来此说已出现。最初是指死者乐园的大王,所以在天界,后来变成死者的审判神。

〔2〕 《盂兰盆经》:一卷,竺法护译。

圆满日),供养僧众,借此供养功德以救母。在中国,据传梁武帝首先举办盂兰盆法会,日本则在推古天皇十四年(606年)开始举行。

此外,在日本有所谓的祖先供养日——彼岸会。在中国并没有这样的节日,是日本独有的。或说这是根据《观无量寿经》的日想观,但这样说的证据并不清楚。

与民俗的融合

以上是从佛教的立场看亡者供养的仪礼。它确实是源自印度的佛教,在其演变的发展中逐渐形成的,但若从佛教的根本立场上来看,它绝对不是站在佛教的中心位置上,同时难以用理论来说明的也不少。从日本固有信仰的角度来说明亡者供养,是开始于日本民族学者——柳田国男[1](1875—1962年)。接下来,让我们来看看柳田氏如何从民俗学的角度说明死者供养[2]。

按照日本人的生死观来看,死就是魂离开身体。而新亡的魂又叫粗魂,因有粗暴的特性,所以有加害于人的危险性。特别是年轻而死,或意外而死的魂,很明显地具有这样的现象。因此有祭拜粗魂以镇魂之说,这也是为什么要有死者供养的原因。粗魂接受供养,随着时间的经过,粗魂的粗暴性慢慢褪去,变成稳定的二义魂,再随年岁的经过,亡魂终于失去个性而与祖灵合而为一,成为祖先神。亡魂成为祖灵大约要花三十三年的时间,所以忌日的最后一年是在第三十三年。三十三年差不多是儿子的世代也已经离世,与亡魂有直接关系及认识的人也变少,因此,说亡魂已失去个性,也是蛮有道理的。

祖先神通常是住在离人群稍远的山上,守护着子孙的生活。有时候他们也会下山,到子孙的家中做客。做客时间有说大约在插秧到收割的期间,或说主要在一月和七月。总而言之,与农耕生活有相当密切的关

---

[1] 柳田国男:民俗学者,兵库县出身。经历国家官员、新闻社服务。以业余研究者之身确立了"常民之学"的日本民俗学。
[2] 以民俗学立场的研究,柳田国男《先祖の話》(筑摩书房,1946)。

系,一月是农耕前,七月则是收割前,这些时候会举办相当于祈祷丰收的预祝活动,祖先神也是为此而来访的。一般习惯将一年分为两半,再定于一月和七月。一月是过年,七月是中元,这也是中元与新年常被相提并论的根据。外来的盂兰盆法会落实于祖先祭,也是在这样的背景下成立的,彼岸会的时段也是祖先神来访的时期。

如上所述,以佛教的理论很难说明亡者供养的佛事,换民俗学的角度来看,则较容易令人理解,而且站在日本人的心情的角度来看,也较易被接受。那么,是否能完全归于日本人的民俗信仰? 事实上,柳田国男曾尝试排除所有的佛教因素来说明日本人的祖先供养。例如,按柳田国男之说,名为"御盆"节的中元,并非是盂兰盆的简称,其"盆"字古时候也写为"瓮",据说是祭拜神灵时,盛放食物用的土制食器。又说将亡者称为"佛"(ホトケ)的习惯,也不是来自佛教,而是从用来装食物以祭祖灵的"罐"(ホトキ)转变而来。

但,如前述"盆"、"罐"之说,是否已经能充分地说明民俗与亡者供养的关系? 仍然有些疑问。但御盆节的"盆"来自盂兰盆,称亡者为"佛"的想法是来自佛教的想法,是较易理解的。死者被直接称为"佛",这或许受到即身成佛说等日本独有的佛教理论的影响。所以,若将日本的亡者供养全部归于受到民俗的、本土的影响,仍有些牵强,至少也应该以民俗等因素为基盘,在其上加上佛教的因素的看法是没错的。

佛教所显示的强大咒术力

那么,为什么可以在民俗、本土的底盘上加上佛教? 甚至说在亡者供养的仪礼上,至少在形式上,佛教的形式是占主流的,这种现象又是为什么? 第一,和日本的民俗信仰相比较,佛教的生死观在理论上是较完整的。若依上述日本民俗的想法,死后的观念并没有一个较一致性的理论,是极茫然的形式。有人说日本人的想法是现世主义倾向很强的,所以对死后世界的思索较弱。相对地,佛教首次提供了像六道轮回、极乐往生之类,有关死后世界的理论。这些理论经过种种的演变后,被日本人所接纳,也不是没有道理的。

　　但是,亡者供养的问题,不只是理论的问题,毋宁说其更大的意义是佛教所显示强大的咒术力。对日本人而言,"死"是一项很难处理的事,死是最大的污"秽",秽是不吉利的,具非日常性。这从两墓制也可窥出些许端倪,也就是说因为秽的关系,只好将遗体放在很远很远的地方,日常生活中不去碰触之外,别无他法。另外,对粗魂的横行,如果只有净身(禊)及除厄(祓),未免力量太弱,而当时佛教则持有强而有力的咒力出现。经典或咒文的力量能令亡者的新粗魂安全地抵达平稳安静的国度,转变为慈蔼地保护着人们的"佛"。佛教式的亡者供养能发挥极大效用,也是这种力量。

　　葬式佛教对认真的佛教徒而言,无疑是日本佛教的耻辱。如果稍微站在辩护的立场上来看,会说那是对佛教真理不懂的民众的一种方便。但,这样主张的人真有那样的智慧吗?民众真的是那样的无知吗?还是令人感到疑惑。不管葬式佛教是如何地远离了佛教本来的宗旨,过去有其发展成如此的必要性,将来也不可能简单地就消失不见。因此,更应该不避开这个问题从正面来探讨、反省,以更好的形态来考量。将人的生死问题,还原为戒名费多少钱的问题,对这样的问题却佯装不知,一味玩弄一些高尚的理论,若说这些是日本的佛教应有的态度,这是我所不敢恭维的。

第六章　神　与　佛

痛 苦 的 神

熊野的本地

往昔,天竺的摩诃陀国有一位名为"善财"的国王,因善理财政,所以国家繁荣。国王经常感叹虽有后宫千名,却无一女半子。千名后宫中的第一千名是被遗忘的五衰殿的"千鹄女御"。有一天,国王突然想起女御,而来到了女御的处所。王非常中意女御,遂经常往返女御住所,于是女御怀孕了。摆不平的是其他九百九十九名后妃,于是出现设计陷害女御的种种毒计,最后终于有人假国王的圣旨,命令武士将女御带到南方山谷的洞窟中斩首。正要斩首时,王子诞生了。女御虽然被斩了头,双乳却源源不绝地流出乳汁来喂哺王子。在山中虎狼的保护下,王子渐渐成长,最后终于被地权圣找到,而带回国王住处。知道整个事件原委后的国王,遂生起厌世念头,携王子搭上飞车,来到了我国的熊野,并以女御之首为本尊,专意于佛道。这就是所谓的熊野权现,证诚长者是阿弥陀如来的化身,是大王,两所权现是观音的化身,是五衰殿的女御,那智的权现是药师如来的化身,是地权圣,年轻王子是十一面观音的化身,是王子。

有关熊野神由来的故事一般称为"熊野本地",其流布甚广。按《熊野的御本地草纸》[1]一书,内容上有种种不同版本,在细微处不同的地方仍然不少。但不管怎么说,此故事的重心是五衰殿女御的受难和即使被斩首身亡了,还泪泪流出乳汁来喂子的感人故事;这段故事经常被解读为母性爱。也可以说大王们以神的姿态来示现,或借女御的力量来呈显。这里谈的是人变成神,而且是通过苦难的试炼,母亲的爱被纯化为神。

较早注意到这个故事的是和辻哲郎。和辻哲郎试着将从人间的苦难中觉醒而成为神(另有异本则是借由王子的力量,母妃才得以苏醒)的故事,与耶稣的死而复活的事相比照,想从这样的脉络中,找出可能接受耶稣精神的背景[2]。

人成为神佛

这里我们姑且暂置和辻氏的观点。在熊野本地的故事里,我们所注意的是本地垂迹观念的演变与接纳。当然毋庸置疑的,所谓的本地垂迹,原本是指印度的佛化为日本的神,而示现于日本;这一点将在下一节讨论。另外,例如熊野的本宫以阿弥陀佛为本地,熊野的新宫以药师佛为本地,那智则以观音菩萨为本地[3]。这样的看法,虽然是根据熊野本地的故事,但故事的中心始终是在身为人的国王及其嫔妃成为熊野神这一点;其在身为人的时候,也被称为本地。也就是说从佛→神的本地垂迹观念的框架中,孕育了人→神的新本地垂迹观念,后来把重点移至后者。

这样的演变并非只限于这个故事,也适用于中世纪的一连串所谓"本地物语"[4]的故事。而在稍晚的时代,因森鸥外的翻案而名噪一时

---

[1] 《熊野の御本地のさうし》:收录于《御伽草子》(日本古典文学大系)等。另外,本书的本地佛的对照分配与普通的不一样。

[2] 和辻哲郎《埋もれた日本》(新潮社,1951)。另外有关"熊野の本地"的分析有西田长男、三桥健共著的《神々の原影》(平河出版社,1983)颇耐人寻味。

[3] 本宫、新宫、那智三者合称熊野三山。本宫是熊野坐神社、新宫是熊野速玉神社、那智是熊野夫须美神社。自平安末期其信仰越来越兴盛,常见熊野巡礼参访的活动。

[4] 本地物语:托述佛菩萨的由来,属《御伽草子》、《说经净琉璃》等中世文学的形式。多数是在前世身为人时,受到种种苦恼的煎熬,而发心救度众生的形式。

的"说经节"〔1〕《山椒太夫》〔2〕,原本也是以本地物语的模式而写成的;即丹后(京都府)的金烧地藏〔3〕的本地物语。这个故事中的地藏尊是守护菩萨,救助了安寿与厨子王二人,其本地是奥州岩城的判官正氏,也就是二人的父亲。故事的最原点是安寿与厨子王的父亲因流罪而远离他们,最后因流罪获赦而再度相逢。将这样的故事内容,应用在本地与垂迹的关系上,似乎有些不自然。这是将原本真正存在的事情,构思写成为本地故事,但在将现实故事写成本地物语的过程中,是有一些不协调的情形。这个故事,虽然不是神而是佛(菩萨),但在其成为"人类"这点上是共通的。前述熊野的本地,是在将母爱发挥到极致而神化,而此故事则是父亲的爱变成地藏菩萨来救助众生。

本地垂迹观念的演变

那么,这样的本地垂迹观念的变化,在思想史上有什么样的意义? 首先,对象是人,而且是凡夫也可以变成神佛。原本日本的神,可以说是带有较强的祖先神的性格,并非是个人被神格化。纵使是在后来的御灵信仰产生后,才有个人的神格化出现,但那是带给人们灾厄的可怕的神,而这里则变成施恩惠给人们的神。另外,对于佛菩萨的看法,虽然可以说佛菩萨原本是人,累积了长时间的修行功德,才变成佛菩萨的,而这里则是凡夫就是菩萨的示现。如此一来,神佛不再是超越凡夫且处于一种难以亲近的存在,而转换成以人为主体且与我们极相近的救济者。这也可以视为是从古代、中世的超越主义性的世界观,转换到近世以人为中心主义的观念。

第二,原本的本地垂迹思想是立于以佛为本地的神,这样的神有着优越的位置,此处则是此种上下关心趋向崩盘。以熊野的本地来看,如前所

〔1〕 说经节:亦名《说经净琉璃》。原本是在社寺里,一面摩擦敲打细竹片一面唱说故事内容,后来进入人偶戏的世界,在17世纪达到全盛期。
〔2〕《さんせう太夫》:一般认为开始于室町末期左右,现存的版本中以宽永十六年(1639年)左右的说经与七郎正本为最古。收录于《说经集》(新潮日本古典集成)。
〔3〕 金烧地藏:现存于由良山如意寺(京都府宫津市由良)。

述,虽然原本的本地垂迹观念仍然存在,但在既成的模式中,则几乎不处理其上下关系。又,即使在佛菩萨方面,如前所述一般,凡夫转变为佛菩萨,也并非指比神更上位的存在,而可视为是与神同样等级的存在。

如后将述,在中世时代神道在理论上离开佛教而独立,且更进一步主张自己的优越性。在民众信仰的层次上,虽然神佛习合的观念一直是被坚信着,然而对其上下关系,基本上是未刻意去意识它、注意它。也就是说神脱离了佛的束缚,得到自由了。但是,本地的故事是采用比照本生谭[1]的故事形态,例如,熊野的本地,其舞台也是取自印度的摩诃陀国[2],看来脱离佛而得独立的神,其得仰仗佛教的地方仍然很多。

神佛习合的发展

综览佛教的传来

崇佛与排佛之争

有关佛教公传(透过官方)日本之事,在年代上有《日本书纪》的552年之说,与《元兴寺缘起》的538年之说。另外,传入之时有苏我氏与物部氏的崇佛、排佛之争,诸多说法在第一章中已经介绍过。在这里想再次回顾其争议处,来重新思考外来的佛与古来存在的本土神。

按《日本书纪》所载,佛教传至日本的钦明天皇十三年(552年)随即产生了崇佛、排佛的争议,物部尾舆等认为"方今若改拜蕃神,恐致国神怒"而主张排佛。相对的,崇佛的苏我稻目处,则安置佛像并礼佛。然而当时国中疫病流行,造成多人死亡。因此,物部尾舆等以此证明自己的主张是正确的,遂舍佛像于难波的堀江,点火烧寺院,刹那间天昏地暗,大殿火灾。

---

〔1〕 本生谭:释尊的前世物语。释尊在此世能够开悟,是因为在从前无限的生死中,从行菩萨行,积众多善的观点,形成了许多教化故事,也采纳些非佛教的东西。除了有助民众布教之外,也影响了印度之外的诸国的文学。
〔2〕 摩诃陀国(Magadha):释尊在世时的印度的主要国家之一,首都王舍城。释尊主要的活动场所之一。

类似的记载,在同书的敏达天皇十四年(585年)中亦可看到。这一年苏我马子病,遂问卜者,得到的答案是应该崇佛,于是他开始礼拜佛像。当时国中疫病流行,病死无数。物部守屋等认为这些灾厄都是因为兴扬佛法所致,因此请天皇下诏烧佛像、毁佛殿,并把烧残的佛像丢入难波的堀江,勒令善信尼等还俗。结果,以天皇、守屋等为首的多数人罹患疮病,苦痛难耐而死的人也不少。于是人们互相传言:"这是烧佛之罪啊!"苏我马子也因自己的病一直无法治愈,遂重迎请善信尼等三人,并为之造精舍。

这个故事到底其可信度如何,疑点仍然还很多。例如,同样的记载出现在两个地方,把佛像丢在难波的地点却是一致的,这些都很奇怪。按《元兴寺缘起》记载,废弃佛像所引起的骚动是钦明天皇三十一年到三十二年间的事件。其实物部氏也有崇佛倾向,因此是否能单纯地将它归结在苏我、物部的争执,仍有疑问。但这里则暂时不讨论此故事的真实性,而针对其所含神佛观的问题做进一步的探讨。

日本古代的神的性格

经常谈到的是,把佛比为"蕃神"以对应"国神"。其他史料也有称佛为"他国神"、"客神",也就是说佛被视为与神同样层次。而且,对佛必须十分的崇敬,若不如此,恐怕会变成招来种种灾厄的恐怖之神。佛教有佛、法、僧三宝,即除了崇拜的对象——佛之外,还有思想、教理的法,组成教团的僧;这里暂且先举佛来讨论。

那么,日本原有的神又有什么样的性格?按本居宣长的定义,神是"何其稀,非寻常,有殊德,可畏也"。也就是说,神虽然是超越了人所知的怖畏的存在,若能慎重地祭祀,将会给人们带来种种恩惠;若不如此,则将招来严重的灾害。这样的想法,越古代其倾向越强。佛被列于与神同地位的同时,正因为祂是一个不被人所知的神,到底会带给人什么样的灾厄? 这种恐惧给人带来不安。

那么,具体上神是什么样的东西? 如宣长的定义中有所谓的"何其稀"一样,有种种不同的存在,就像万有灵魂说[1]的自然存在。但若据民俗学的研究,最重要的是,神具有死者的灵魂升华为祖先神的性格。死者的灵魂在最初还是粗魂(新魂)时,带有危害他人的危险要素,但是随着谨慎、慎重地祭祀,其粗暴的元素渐渐变淡,终于成为温和魂,慢慢往稳定的性质变化。在数十年之后,灵魂的阶段逐渐失去其个体性及物质性,而与祖先神一体化。像这样,日本的神本来是眼睛看不到,人格性格薄弱的,神通常在远离人群的山中或海上,定期或不定期地造访村落。这时候,原本不具有任何形体的神,需要有一个可以暂时依凭的场所,它们通常是树木或岩石等自然物或镜子、刀剑等,这些东西被称为"依代"。有时神也会降在人的身上,在人的身上时通常称为"凭坐",也就是所谓的被神灵附体。

从日本的神观看佛:客人神

有了前述"神"观的背景,接着该谈日本人如何来看外来的佛? 佛是从海的对岸来的外来神,一般称这个外来神为客人神、客神。但在当时是否是站在民族意识或国家意识的对立上来分别"国神"与"他国神"、"蕃神"呢? 不管怎么说,因为不了解这突然来访的客神,所以如上所述,对祂首先有的是恐惧。如果是这样的话,即使是怕本地的国神生气而主张排佛,也应该不至于毁坏佛像,甚至丢到河中海中等,而应该是慎重地欢迎款待之后,再把祂送回原处,这样才是对神的一种礼貌。纵然有烧毁依代,或有令其随流水而去等,也是此仪礼中的一环,所以如果视废弃佛像也是仪礼的环节之一,也是可理解的。

神道史的研究家西田长男认为,若说崇佛派担任迎接客人神的任务,相对的排佛派则负责送神的任务[2];这实在是荒唐无稽之说。又若是这样看,佛像就相当于"依代",其以人的姿态出现,给人一种不可思议的感觉,这和日本的神在后来逐渐变成拥有人格的性质,也可以推测是受到

---

〔1〕 万有灵魂说:认为动植物,甚至是无生物等一切万物都有生命体、有灵魂的一种想法。崇拜自然内在的灵,属宗教的原初形态之一。在史前时代的日本已经有很多这样的想法,进入历史时代更以种种形态出现。
〔2〕 西田长男《日本宗教思想史の研究》(理想社,1956)。

佛教的影响。

神佛习合的发展

国家佛教受容的意识形态

　　如前所述,佛教初传到日本时,受到和日本的"神"同等等级的待遇,后来逐渐明白,外来的佛教是日本古有宗教所无法相比,具高度且强而有力内涵的宗教。佛教在印度、中国的高级文化中磨练,而确立其思想、教团组织、仪礼等,且不管哪一项都伴随建筑及工艺、医疗等最新的科学技术,甚至还与律令体制紧密结合。因此,接纳佛教等于接纳了亚洲大陆的最新文化。像在第一章所讨论的一样,以律令体制为中心来看,佛教被国家所接纳,简直就是国家佛教的意识形态。同时也是确立了佛教的优越位置,古有的诸神只有成为佛的随从而保有自己的存在。

　　该注意的是当时从没有任何一个宗教是因佛教而灭亡的,有关这一点我想稍后再做陈述,现在想从与律令制度有关的角度来看。原来,日本的律令体制并非是使旧有的氏族社会解体的原因。毋宁说巧妙地设计出将律令体制编入以天皇为顶点的中央集权体制的方法,因此豪族的抵抗力变弱,而使新体制变得容易确立;从宗教面的意识形态上来看,也是可以这样说的。并不是单纯地否定古有的宗教,而是一面承认古有宗教,一面将经历了各民族淬炼的自由世界宗教——佛教置于最优越的位置。同时中央的统一,使得扎根于氏族社会的古来宗教也进一步寻求佛教的保护,借以保住自己的地位。

神附属于佛

　　那么神附属于佛,又是采什么样的形态? 约可归纳成下面三种形态[1]:

---

　　〔1〕　以下有关神佛习合请参照村山修一的《本地垂迹》(吉川弘文馆,1974)。

1. 神是属于迷的存在,须仰赖佛的救济。

2. 神是守护佛法的。

3. 神,事实上是佛为了救济众生而变现的。

前两种想法开始于奈良时代,后者则稍慢。

首先试看第一种形态。此类的典型例子,可以从所谓的神宫寺中看得出来。其最早出现的文献是《续日本纪》文武天皇(698 年)中记载:"迁多气大神宫寺于度会郡。"另外也有与此记载雷同,只是没有"寺"字的文献。没有寺字的文献,是被认为较恰当的。除此之外,较早的例子有灵龟(715—717 年)之时,藤原武智麻吕依神谕在越前(今福井县)的气比神宫建神宫寺[1]的《藤原家传》的记事,以及养老年中(717—724 年),记载建若狭比古神宫寺的《日本逸史》所引用《日本后纪》天长六年(829 年)三月十六日条的记事。依前者,神出现在武智麻吕的梦境中,说:"幸为吾造寺,助吾愿济。因吾宿业,神固久兮,因皈依佛道,欲修福业,亦得因缘,故来告之。"武智麻吕立刻建立了神宫寺。后者的文献也是一样,因神想皈依佛法,无法如愿,故做祟,因此建寺。这一类的记事,可以视为是神因佛的救济而存在。而自印度以来佛教的看法是,印度的诸神(也称为天)仍是天道之一,停滞于轮回苦的范围内。与此相比对,日本的神也是和印度之神一样。

第二是所谓的守护神形态。其最早的文献是《续日本纪》的记载,天平胜宝元年(749 年),有宇佐八幡宫的神谕,为支援大佛的建立而上京。此神谕之说肯定为举全国之总力建立大佛之事,带来极大之宣传。还是能广泛地看出,本土的神协助佛、守护佛法的想法,是印度的梵天[2]或帝释天[3]以来,所谓的护法神想法。八幡神原本是九州的神,被视为是海之神或铜山之神,特别是与应神天皇的灵习合而带来势力。这是因为

---

〔1〕 神宫寺:附属于神社而建的寺院。伴随神佛习合而广被建设,后因明治的神佛分离政策而遭破坏,神社因之分离。

〔2〕 梵天:Brahmā,将抽象的宇宙原理人格化的神。佛教则将之定位于住在色界的初禅天,是护法诸天中最高位者。

〔3〕 帝释天:Śakra-devānāmindra,吠陀的最高神,因陀罗神。佛教则认为帝释天住于欲界的第二天,与梵天并列为护法神。

其很早就加强与佛教的关系,在平安初期得到"八幡大菩萨"的菩萨封号,又被塑造成僧形的八幡[1]神像等,这是与佛教关系极密切的神。

本地垂迹想法的出现

第三是神佛一体的形态,此显示出最进一步的神佛习合的形式。早在奈良时代大佛建立之际,有所谓伊势神宫神谕——即天照大神的日轮就是大日如来、卢舍那佛。只是有关此类想法的文献,史料上的问题仍有待检讨。确实的史料则有平安中期的文献,文献中出现"权现"、"垂迹"等之言,可见本地垂迹的想法已经很明确。更进一步地,平安后期开始逐渐地出现哪一位神是哪一尊佛的垂迹,各别地被确立。例如,熊野三社是阿弥陀、药师、观音的垂迹,日吉是释迦、伊势是大日如来的垂迹等。

然而,所谓本地垂迹的"本地",指的是其本来是佛,而"垂迹"是指以暂时现身的方式应现为神。"本迹"的概念,原是起于中国的道家系思想。佛教,特别是天台的《法华经》解释,特别重视本迹的概念。《法华经》的前半部,陈述历史上释迦的说法,此为"垂迹";与此相对的,后半部叙述永远的、绝对的佛,此是"本门"。想想天台的佛教思想,在平安期具有最大的影响力,所以在本地垂迹说的发展上,天台的构想贡献是很大的。

对民众而言的神与御灵信仰

这样的本地垂迹说,后来成为神佛关系的基底,带给日本文化很大的影响。确实,在形态上一直是佛站在神的优位上,但是实际上并不是如此单纯。对日本的民众而言,神总是比较容易亲近的存在,特别是像古代那样对神的恐惧减少了。比起已经完全觉悟的佛,他们选择了把慈悲显露在表面,且对地属边境及众生的质较差的日本伸出救援之手的神。对日本人而言,神是得非常感谢的存在,所以慢慢地集聚了对神的信仰。我们

---

〔1〕　僧形八幡:尊格的成立可上溯至平安初期。东大寺的作品是以快庆之作而闻名。

前节所讨论的本地物语,也是在这种发展中形成。

　　在本节还有其他应处理的种种问题,只因篇幅的限制,不能详论,这里想简单介绍一下御灵信仰。所谓的御灵,是指例如因政治阴谋等饮恨而亡的人的灵,因为其带来种种灾厄,所以必须镇灵。这是从前面讨论过的粗魂的思想,大规模地发展过来的,特别是到了平安初期以后,这种想法变得非常兴盛[1]。为了镇灵而强调咒力,过程中佛教扮演了重要的角色,且慢慢发展成神佛习合的关系。在这里呈现的是有具体性、个性的人成为神。最为人所知的例子,是祭祀菅原道真的御灵变成天满天神[2]。又,以祇园祭而为人所知的京都八坂神社[3],在今日虽然因神佛分离的结果而成为纯粹的神社,但其原本是祇园社中,神佛习合的御灵信仰,更进一步地也受到阴阳道[4]的影响,而形成独特的信仰形态。

神道理论与佛教

神道理论的形成

　　至此为止,笔者刻意地避免用"神道"的称呼。确实"神道"一语已经能在《日本书纪》中看到,但其成为能与佛教相提并论且具有体系性的宗教,是在较晚的时代。虽然也有人认为神道的确立是在平安期,但若以具有独自的教理思想才算神道确立的开始,那就不得不向后延到中世时代。像第一节看到的一样,这个时代即使民众的信仰已经出现不局限在佛教

---

〔1〕 贞观五年(863年),在京都的神泉苑祭祀早良亲王等六人的政变中的失败者是最早的。

〔2〕 天满天神:菅原道真在延喜三年(903年)于太宰府往生后,京都屡屡发生灾害,被认为是道真的灵在作祟,为了镇灵,而奉道真为天神而祭拜之。以北野天满宫(京都市上京区)最有名。

〔3〕 八坂神社:京都市东山区。原本在神佛习合的祇园社,所祭之神是牛头大王。牛头大王虽也与素戈鸣尊习合,其原本是受到阴阳道影响的疫神,而有了镇抚此神之祭,此祭即是祇园御灵会(祇园祭)。

〔4〕 阴阳道:受到中国的阴阳五行思想、谶纬思想的影响,而发展出来的咒术性思想。律令中也有阴阳寮的设立,平安期以后也因与佛教思想习合而有新开展。

范围内的独自性,即使是知识分子阶层或策划神道与佛教的调和折衷,或更进一步企图使神道脱离佛教而独立出来的理论化,但是即使有计划地策划神道的独立也是无法避免受到佛教的影响。

佛教系的山王神道·两部神道

作为与佛教折衷调和的神道理论,首先可列举的有天台系的山王神道与真言系的两部神道。天台系的神道在比睿山山麓,以比睿山的守护神——日吉山王社为中心而发展起来。其最早的理论书《耀天记》[1]成立于镰仓时代初期。因为"神"字是由"示"与"申"所组成,所以常牵强附会地意指为日吉的"猿"之意,释尊为教化"浅近钝昧之族",而化现为山王之神,这明显是本地垂迹的观念。

但是,更应该注意的是,从镰仓末期以来,在本觉思想的影响下,逐渐孕育出将神道置于佛教之上的倾向。如第三章所见一样,所谓的本觉思想站在极端的现实肯定立场上,主张现实就是究竟的真理。将此比对于神佛关系上,向来所主张的本地是佛、垂迹是神,佛的价值比神高的想法,变得难以成立。相反地,垂迹的神就是究竟之存在,离开现实的佛所化现的较低之存在。这样的想法,可以说是佛教的自身否定,而对下面我们将述及的神道思想独立也有某程度的影响。实际上镰仓末期至南北朝时代间的文献《溪岚拾叶集》[2]则已经可以看到与"佛本—神迹"说相反的"神本—佛迹说"。

其次,真言宗系的神道则称为两部神道。所谓的"两部",毋庸赘言的是指曼荼罗的胎藏界与金刚界,而胎藏界被视为理,金刚界被视为智。且两部神道分别指此两界为伊势的内宫与外宫。也就是说,内宫的天照皇大神是胎藏界,外宫的丰受皇大神则相当于金刚界。如此,两部神道与

---

〔1〕《耀天记》:一卷,由四十项条目所组成,记述有关日吉社的传承。本地垂迹之说在该书的"山王事"项中讨论。收录于《续群书类从》等。

〔2〕《溪岚拾叶集》:天台僧光宗(1276—1347/50年)著。写本的卷数不一,《大正新修大藏经》所收之本是一一六卷。也可以说是记家(在比睿山处理记录的僧人)文书的集大成,内容庞杂纷繁。

伊势神道的关系深远,毕竟是镰仓末期左右假空海之名的《天地丽气记》[1]带来了很大的影响。密教的曼荼罗将无数的诸佛体系化,这也为被迫必须将多数的诸神体系化的神道,提供了有效的方法。

对抗佛教系的伊势神道

对上述佛教系的神道理论,神道本身有其自立之理论,欲对抗佛教的倾向也在该时期变得很显著;而代表此一潮流的是伊势神道。原本伊势神宫是由奉祀丰受皇大神的外宫及天照皇大神的内宫所组成,这时候的内宫势力变大。为抗拒此一趋势,外宫的神官们为提高自己的地位而发起的运动是伊势神道的绪端。

最早期的神道理论书,被名之为神道五部书[2],其作者都是假托古人所作。这五部书是《造伊势二所太神宫宝基本记》(宝基本记)、《伊势二所皇太神御镇座传记》(御镇座传记)、《天照坐伊势二所皇太神宫御镇座次第记》(御镇座次第记)、《丰受皇太神御镇座本纪》(御镇座本纪)、《倭姬命世记》,都被视为是伊势神道的基本典籍。其内容繁杂而无章,如尊崇正直、清明的伦理观,或以"大日本国是神国"的神国意识等并列,虽然如此,最受瞩目的是打出"摒佛法之息,奉神祇再拜"(《倭姬命世记》)的排除佛教立场。

如是伊势神道的成立,乃由镰仓末期到南北朝期的度会家行[3](1256—1351年)、慈遍[4](生殁年未详)、北畠亲房[5](1293—1354年)等所集大成。特别是慈遍、亲房与后醍醐天皇的交往极亲密,他们将伊势

〔1〕《天地丽气记》:现行本由十八卷所组成,从卷一至卷十四的每一卷均有"……丽气记"。全体称为《丽气记》,卷一有"天地丽气记"之文,故总称为《天地丽气记》的多。收录于《弘法大师全集》。
〔2〕神道五部书:均成立于镰仓时代左右。据说是外宫的神官以内宫为竞争对象,以提高自己的地位为目的而作。收录于《国史大系》。
〔3〕度会家行:外宫的神官、伊势神道理论的集大成者之一。主著《类聚神祇本源》十五卷,是一部从天地开辟论开始,综合性地讨论伊势神道问题的大著。以北畠亲房为首多人受其影响。
〔4〕慈遍:后述(151至153页)。
〔5〕北畠亲房:南北朝分裂时,南朝的指导者。除《神皇正统记》之外,有关神道系的著作有《二十一社记》《元元集》等。

神道的理论与以天皇为中心的神国论的政治性意识形态相结合,带来很大的影响。其中在转战的沙场中撰写《神皇正统记》〔1〕的亲房的活动,特别为人所知。又,天台的僧侣中在神佛的上下关系的转换上扮演了极重要角色的慈遍的事迹,将在稍后介绍。

"神道是万法根本"——吉田神道

接受伊势神道的理论且站在神佛关系逆转的立场上,首先试着将其理论化的是吉田兼俱(1435—1511年)的唯一神道。兼俱获得足利义政的夫人日野富子的援助,盖了新的吉田斋场,甚至散布伊势的两尊神降临吉田的风声,大有欲君临日本神道界的气势,著《唯一神道名法要集》〔2〕表明其主张。兼俱所立的立神道有本迹缘起神道、两部习合神道、元本宗源神道三类。本迹缘起神道与两部习合神道属佛教系的神道,与此相对的,元本宗源神道是探求万物的根源,欲借此从佛教脱离出来,以求确立神道的立场。

从神道的这个立场来讨论种种的问题,特别是对后世的影响较大的是假圣德太子密奏之言的根叶花实论的主张,即"于吾日本生种子,震旦现枝叶,天竺开花实。故佛法是万法之花实,儒教是万法枝叶,神道是万法根本。彼二教皆是神道之分化"。这样的理论,事实上已经能在后述慈遍的思想中看到,吉田兼俱则以之为基,更明确地打出神道中心、日本中心的立场。如是从佛教的附属中独立出来的神道理论,终于在近世因与儒教等的交流调和而达到多样的发展。

慈 遍 的 立 场

《丰苇原神风和记》

回溯到比吉田兼俱稍早的时代,让我们试举在神佛关系上备受瞩目

〔1〕《神皇正统记》:二或三卷。成书于延元四年(1339年),兴国四年(1343年)修订。以南朝为正统的立场,站在独自的天皇论而展开的历史书。收录于(日本古典文学大系)等。
〔2〕《唯一神道名法要集》一卷。虽然被认为是万寿元年(1024年)卜部兼延所撰,而事实上是吉田兼俱所著。收录于《中世神道论》(日本思想大系)。

的慈遍。慈遍是名著《徒然草》的作者兼好法师的兄弟,虽是比睿山的天台僧,对伊势神道的造诣极深,又因接近后醍醐天皇而展开其独自的神道理论。其著作有《旧事本纪玄义》[1]、《丰苇原神风和记》[2]等。

现在若透过《丰苇原神风和记》来探透究其思想,可从该书卷下的"佛神同异事"、"佛神誓别事"中,窥知其神佛观。也就是该书所载"神佛内证同一而化仪各别也",基本上是站在神佛同一论的立场,只是他们在教化的方法上不一样。即"所谓神道守一法未起之所,起心之万物皆秽恶,故禁是。佛法二途既分后有诸迷。抑此迷是实相,故教是",说明两者的不同。神道是立于根源的、纯粹的立场,佛教则是从神道的根源展开出万物、多样的世界、迷的世界,并从此迷的世界寻出真理性。

只看这些的话,似乎是神佛并列的,此在卷中的"尊神灵验事"中,从其将神分为法性神、有觉神、实迷神,应该就可以知道是怎么一回事。也就是说,有觉神是垂迹的神,实迷神是邪神。与此相对的,法性神是"与法身如来同体,今宗庙之内证是也"。在法性神的阶段,佛神被视为是同格的,是一致的。然而若问两者是否是完全的同格? 慈遍的立场似乎是偏向于神道的。即在其"佛神誓别事"项中:"忘彼天地本无之源,猥万心初起处,云佛教者,立真俗之二,论迷悟之别,且起佛见、法见,以我相骄慢为本。"表明了对佛教的批评立场。虽然还没有吉田兼俱所主张的那样明确体系,但在其另外的著作《旧事本纪玄义》中,可以看到吉田兼俱的根叶花实论的先驱思想,也能看出慈遍以神道为优位的想法。

从纯粹性中寻求神之优越

那么,慈遍所主张的神道立场是什么? 卷上的"神道大意"项目中,"然则神道之行义,指置猥亵万言杂说,定知一心之本无,其心地能成,猥

　　〔1〕《旧事本纪玄义》:十卷中五卷现存,元弘二年(1332年)成立。以假托圣德太子之作的《旧事本纪》为底本,而展开的神道论、天皇论。收录于《天台神道》上(神道大系)。
　　〔2〕《丰苇原神风和记》:三卷,成立于兴国元年(1340年),为新待贤门院而写之作。全十章,讨论神道的主要问题。因以和文写成,故易读易懂,而非常普及。收录于《天台神道》(上)(神道大系)。

道不迷,愚忘德应化诸民也"。前述之"一法未起之所"即此处的"一心之本无",守此想法被视为神道的根本,而所谓的"化诸民",基本上被视为是君主之德。从此发展出承继此根源存在之思想,受到天皇瞩目。而象征性的三种神器论,最主要出自《旧事本纪玄义》。

以上,在慈遍的思想中,从神佛同体论迈向神的优越性,从原初的纯粹性寻求其根本,而为维护此立场,企图建立天皇论之基础。试想若比较神道与佛道,在其丰富多样的内容中,神道毕竟是无法与佛教相比的,即使是如此,仍坚持主张其优越性的话,结果是不得不诉求其纯粹性。然欲穷究其纯粹性而排除外来要素时,失其内实而到极端化,此从战前的国家神道中可以很清楚的知道。这可以说是神道,甚至可说是日本文化中,所具相当大的进退维谷之窘境。

山的宗教、修验道

山岳佛教的形成

山神的威力

前面也曾提及,对日本人而言,山是诸神的住处,是非日常性之异界,是不可任意踏入之圣域。若不小心踏进山内,将惹来山神的愤怒,搞不好有丧命之险。

按《古事记》所载,倭建命(日本武尊)在东征——讨伐伊吹的山神的归途中,碰到一只白猪。倭建命不经意地言举[1]道:"此是山神使者故,回程把它给宰了吧!"然而,事实上此白猪正是山神所化,山神遂降大冰雹扰惑倭建命,终于使倭建命渐衰弱至死。又雄略天皇攀登葛城山时,遇到穿着与天皇一样的衣裳,率领同样行列的一行人。于是,雄略天皇问道:"倭国之内,除我之外无王,汝是何许人?"然对方也是以同样的问来

---

〔1〕　言举:古人认为语言据有神秘力量。因此,以语言驳倒对方,即是获得支配对方的力量,所以被驳倒也意味着被对方所支配。

回应之。天皇举箭欲射,对方亦同。天皇问其名,对方回答自己是葛城的
一言主之神。天皇闻之,恐惧戒慎,奉上刀、弓、箭甚至百官衣服,神接受
其所献,并送天皇至长谷的山口。

神威之衰:役小角的登台

从前述故事可知,虽然山神有所疏失,但终究打败了勇者倭建命;又,
山神面对天皇时,具有使其屈服之力量。然而,山神威力衰弱的日子亦来
临。比山神更具强力的人出现,其象征人物是役小角。役小角的故事,早
在《续日本纪》的文武三年(699 年)的条目中可以看到。据其记事,役小
角以住在葛城持咒术而为人所知。之后,因弟子韩国连广足的谗言,而被
流放到伊豆。对此有如下的传闻留世:"小角能役使鬼神,使其汲水采
薪。若用命,即以咒缚之。"

比此更详细的是《日本灵异记》的记述。按《日本灵异记》所载,役小
角被称为役优婆塞,被描述成"信仰三宝",修持"孔雀王之咒法"[1]的佛
教人。因他用咒力役使鬼神,所以葛城的一言主之神向天皇进谗言说:
"役优婆塞企图颠覆天皇。"天皇闻之,虽想逮捕役小角,却不得其力。于
是捕其母为人质,遂得捕之,并流放至伊豆。小角虽然白天在伊豆,晚上
却飞到富士山修行。其后获赦,最后成为仙人而飞,据说道照(道昭)法
师曾在新罗的山中遇上他。而传说上述的一言主之山神被役小角的咒术
所缚,至今仍未被解开。

具咒力的异端宗教者

这个故事应该注意的是,甚至能使天皇屈服的一言主之山神,也败在
小角之下。而小角的力量是来自佛教,佛教的咒力具有能使本土诸神服
从的强大力量。但不能忽视的另一点是,即使是谗言,小角仍被以"企图

---

〔1〕 孔雀王之咒法:孔雀王即指孔雀明王,是孔雀神格化,密教则以孔雀背上负有四
臂的菩萨形来表示。因孔雀吃毒蛇,所以能灭以毒蛇为首的一切怖畏、灾杀。

颠覆天皇"的理由而被判流放。《僧尼令》[1]的第一条是禁止借咒术而做出违逆国家之事，又，即使从佛教本身的立场上来看，依赖咒力的活动，可以说是异端。役小角是优婆塞，不是正式的出家人，所以其活动显示出超越正统派的佛教。

　　与这点相关的文献，在《日本灵异记》中有："飞仲虚外，携仙宫宾。"的记述，如所述一般，最后成为仙人而飞去，受神仙思想或道教的影响极为显著。役小角的真实情形到底是什么？虽然不清楚，但至少在他死后百年左右，虽然表面上打出了佛教的形象，实际上也包含了本土的山岳宗教，甚至是道教的要素，以具有强力咒术能力的异端性宗教者的姿态出现，所以也发展出以传说中的役小角为开创者的修验道。

修验道的历史与思想

　　山岳修行不只是异端派而已，对正统的佛教徒而言，也具有极重要的意义。在远离人群的寂静地，精进冥想的修行，对印度以来的出家行者而言，是最大的修行方法。因此《僧尼令》中也规定修禅行者，若欲山居服饵[2]，须三纲[3]提出连署方认可（第十三条）。在这里有趣的是出现了道教式的"服饵"等用语，这些姑且不论，自奈良时代以来，首都周边的山被当作修行场所而隔离开来。建构了平安佛教的最澄与空海也都汲取了这类山岳佛教的想法。最澄在南都受具足戒[4]后，隐遁于比睿山，而空海则亲近更异端的流派，年轻时以优婆塞[5]之身在四国励身修行。

---

　　〔1〕　在《僧尼令》的第一条，禁止"上观玄象（天体），伪说灾祥、语及国家、妖惑百姓"。
　　〔2〕　服饵：因服用药物，而成为仙人得不死长生。服饵一词之所以被用于《僧尼令》，可能是因作为蓝本的唐朝《道僧格》是以佛教的僧侣与道教的道士为对象，而《僧尼令》把它留下，也表示了当时的佛教带有道教要素的山岳佛教的性格。
　　〔3〕　三纲：掌理寺院的管理、营运等职。上座、寺主、都维那。
　　〔4〕　具足戒：正式的比丘、比丘尼所受持的戒律。在中国、日本则多采用"四分律"的规定，比丘戒有二百五十戒。
　　〔5〕　优婆塞：upāsaka，在家的男性信徒。在家的女性信徒称优婆夷（upāsikā）。在日本古代并不是指一般信徒，而是指以在家身份而做劳役工作，做出家的准备，或修行等，是肩负民众佛教的舵手。

修验道的形成与教团系列化

承继这种潮流而发展成后来的修验道[1]的基础形成于平安时代。在密教逐渐盛行的趋势中，为了加强咒力而做山岳修行的也越来越兴盛。天台宗以开创葛川而被称为回峰行[2]之祖的相应[3]（831—918 年）为有名；真言宗则是创醍醐寺的圣宝[4]（832—909 年）等的声名最高。各地许多山被开发，特别是平安中期到后期之间，吉野、熊野受到皇室及贵族的推崇，甚至连结此两者的大峰深处连绵延不断的山，被确立为修行之所。被后世尊为修验道本尊的役小角在吉野的金峰山得到金刚藏王权现的感应；金刚藏王权现之说，不管是在印度或中国都不曾有过，可以说是修验道独特的神，且在平安中期已经为人所熟知乐道了。

到了中世，大峰的修验道分裂为天台系的本山派和真言系的当山派，渐渐地不管是教理、教团或修行方法，都逐渐体系化了。本山派以园城寺系的圣护院为本山，当山派则以醍醐寺为中心。又九州的英彦山、东北的羽黑山等地方的教团也逐渐独自发展起来。到了近世，原则上是将全国的修验道教团规划隶属于本山派或当山派之一。修验道在与民众生活最密切的江户时代渗浸入民间，尤其是在医疗所不到的农村，常以山伏的祈祷来代替医疗。又，与"讲"相结合的朝山活动，则是庶民最大的娱乐。

如此成为神佛习合的典型而普及于民众之间的修验道，在明治时代神佛分离的政策下影响甚巨，而分为站在佛教立场，和类似羽黑山及英彦山整合为神道的形式，大大地改变了旧有的形式，这样的形式一直延续到今日。

---

〔1〕 修验道：有关修验道请参阅宫家准《修验道》（教育社历史新书，1978）。
〔2〕 回峰行：由相应开始的一种比睿山的修验道的行法，直到今日仍在实行。通常在一定的日子持续地绕比睿山的三塔。通常是满七百日后，闭关于葛川明王院，甚至加上京都大绕行等，共满一千日，这是相当严峻的行法。
〔3〕 相应：近江（滋贺县）人。圆仁的弟子，开创葛川寺、无动寺。
〔4〕 圣宝：京都人，谥号理源大师。通三论学，也是东密事相小野流的元祖，在各界十分活跃。历任东大寺东南院主、东寺长者等。

借修验而完成的三种成佛

接下来要把焦点转到修验道的教理思想。虽如前述,本觉思想视现实即究极的真理,是极端地现实肯定主义。这样的思想最适合投身于在山的自然中,欲与自然一体化的修验道行者。

例如,修验道的目标是"即身成佛",而英彦山派的代表理论书《修验修要秘决集》[1],则立三种即身成佛。第一、始觉的立场,第二、本觉的立场,第三、始本不二的立场。第一、第二的立场,指的是一般佛教所说的内容。例如,即使谈"即身即佛",仍区别为"身"与"佛"的概念。因此修验道的立场,不得不指第三的即身即身。那么,即身即身指的又是什么?即"造次颠沛即无作三身之直体,语默动静亦是三密妙用也"。所谓的"无作三身",指的是凡夫之身,即是佛的三身[2](法身、报身、应身)。"三密"是佛的身、口、意(心)的活动。也就是说,我们日常生活中的一举一动(造次颠沛、语默动静)无一不是佛的活动。

入山则山伏也是毗卢遮那佛

《修验修要秘决集》的卷首记着:"夫山伏者,即身即佛之体性,毗卢觉皇之极位也。"也就是说,行者入了山后,就不是普通的人,就变成毗卢遮那佛(大日如来)。象征山伏所拥有的独特风貌,如戴在头上的头襟意味着大日的五智宝冠[3],铃悬则意味着金刚界、胎藏界的曼荼罗。行者不仅是大日如来,行者所深入的山不外乎就是自然曼荼罗,例如,大峰的熊野是胎藏界,吉野则是金刚界。将小小的自己曼荼罗融入大的自然曼荼罗,因此他的行,必须视世界全体生命的活动为自己的一部分。例如,所谓的十界修行的行,是象征着对地狱、饿鬼、畜生、修罗、人、天、声闻、缘

---

〔1〕《修验修要秘决集》:三卷,集录了英彦山系修验道的口传,一般认为是阿吸房即传所撰。收录于《修验道章疏》二(日本大藏经)。

〔2〕三身:佛的三种形态。与宇宙的真理一体化、绝对性的形态是法身。修行而开悟的形态是报身,为济度众生而暂时示现的形态是应身。

〔3〕五智宝冠:大日如来所戴的宝冠,配以大日、阿閦、宝生、阿弥陀、不空成就的金刚界五智如来的化佛。

觉、菩萨、佛等十个世界所做的行。甚至,在修行的最后所举行的"柱源秘仪"[1],则象征因天地阴阳的和合而生父母,因父母的和合而生行者自身。

像这样虽说修验道建基于密教或本觉思想,但早已无法仅止住于佛教的范围,而发展出独自的行与思想。但是,如前面探讨的神道理论一样,并非超越佛教而独立。也正因如此,反而使修验道不偏向佛教、神道,或本土宗教,而使其复合性得以深深植根于民众中,并得到支持。

---

〔1〕 柱源秘仪:柱源护摩。被视为是修验道的最高秘法。在护摩炉前面的水轮竖立三根柱子,举行象征性的烧护摩仪式(译者按:意谓"烧献供之祭品"的仪式)。

终章　日本佛教一瞥

研究方法综观

研究日本佛教的难点

我是研究佛教学这门学问的人,特别是以日本的佛教作为研究的中心。也正因为如此,最近经常被邀请讲演或写有关日本佛教的文章。像我这样的人,也有人找实在是很感谢,老实说还是有点犹豫。话虽如此,我的研究领域是有点狭隘。像我所专攻的教学,不管一般人如何看,是否感兴趣,我一路走了过来,好不容易有人抱持关心,总希望能充分地回应他们的要求,但这并不是很容易谈的。

印度、东南亚佛教的状况

日本的佛教在学问的领域中,原本就是很难处理的。首先是其多面性,更何况也是现在还深受信仰的宗教。例如,谈到印度的佛教,印度是佛教的发祥地,多数的佛典也起源于印度。所以在研究佛教时,应该随时掌握印度的佛教。由于印度是佛教的原点,我们研究室里,即使是研究日本佛教的人,也是有义务要修学梵文的。印度的佛教随着伊斯兰教的侵入,曾经一度灭绝,即使是今日在印度虽然有少数的佛教徒,他们多数是新的佛教徒,或是西藏系的佛教徒,现在的印度佛教已不是自古以来传承下来的佛教。因此,虽说研究印度的佛教,实际上都是以过去的文献为中心,有时候也加上遗物研究等考古学的方法,因此很难掌握其实态,里面当然有困难。从研究方法上来说,文献方法学成为此一领域研究的基础,且比较容易确定下来。

在现代仍然深受信仰的佛教,除了日本的佛教之外,还有斯里兰卡、泰国等东南亚国家所谓的上座部佛教和中国西藏地区的大乘佛教。

中国西藏的大乘佛教因最高指导者达赖喇嘛十四世(1935—)出走到印度,西藏佛教也慢慢进入欧美。因此其研究不停留在过去的文献研究上,意识到现代实践等问题的也不少。

至于东南亚各国的佛教,他们所用的巴利语佛典,具有比大乘佛典更古老的因素,且与原始佛教有更直接的关联,因此文献的研究较盛行。另一方面,也有以文化人类学的方法,对现代东南亚的佛教进行实态研究,日本有人类学者在泰国实际体验出家人的生活,并且出版了很优秀的报告[1]。

在东亚除了日本之外,中国、韩国等也是佛教盛行的国家。但是,在历史的洪流中,或受到镇压而有大改变,或遭其他较优势的思想、宗教所排挤。

日本佛教的多样性及其变容之大

像这样,各地域的佛教研究,都有其研究上的特点及难点。而日本佛教的研究,在研究上有些特别麻烦的地方,例如其多样性。即使是主要宗派就有真言宗、天台宗、净土宗、净土真宗、曹洞宗、临济宗、日莲宗、时宗等,且各宗又有些分派。因此,其各自的教理或仪礼也不一样。另外,有难解难懂的教理,还有已经融入民众中的葬式佛教、祈祷佛教。若用一句

────────────

〔1〕 青木保《タイの僧院にて》(中央公论社,1976)。

话来说日本的佛教,到底该以哪里为重心? 恐怕依所倚重心之不同,对日本佛教的印象也会完全不一样。

在研究上的另一难点是,日本佛教的变容大小问题。东南亚的佛教,传承了印度的初期佛教,西藏的佛教传承了印度的后期佛教,均留有当时的影子。相对的,日本的佛教则以中国及朝鲜为媒介,经二重、三重的变化才传到日本,所以其变容不小。基督教传到日本的时代,宣教师来到日本,最初并没有发现日本的佛教和东南亚的佛教是同源的。到底日本佛教与最源头的印度佛教有什么样的关联? 这简直是错综复杂,要解开这个谜并不容易。从研究印度佛教的研究者,严厉批评日本佛教的角度来看,日本佛教的大部分很难说是佛教。日本佛教的变容问题是一个很大的问题,容后再详述。

然而,日本的佛教难研究的理由中,有一点是针对日本的研究者而说的,也就是说被研究的对象直接与自己的主体性有关,而很难以客观的对象来处理。常常有护教的心,总是放不开,特别是宗派所属的研究者,往往以自己所属的宗派为中心,而有失公平之虑。

像这样,虽然有很多问题环绕着日本佛教,但从另一个角度来看,这些难题正是日本佛教吸引人的地方,因为它们都与我们的生活方式相关。又其多样性及种种变容为什么是这个样子? 这鼓舞了研究者的意愿,我也是被它的魅力所吸引,而继续研究的人之一。

研究的诸领域

如上所述,日本的佛教具有非常的多样性。因此,从各种角度,用各种方法研究成为一种必然的趋势。例如,日本佛教的研究不像印度佛教的研究那样,以文献学占研究主流,而是从不同的学问领域来使其绽放出光芒,终于其立体的样态渐变鲜明了。目前各个领域间相互协助的关系,虽然不能说已达圆满,但毕竟这将是今后的课题。

历史学立场与佛教学立场的研究

截至目前,日本佛教研究的最中心是历史学。特别是战后,由历史研究者所做的佛教史研究,不但有显著的研究成绩,也出了不少优秀研究者。目前以"日本佛教史"为名的书,多半是站在历史学的立场上写的。历史学的优势之一是其客观性,较容易有公正的研究。教理性的研究因透过文献研究而逐渐清楚宗祖的思想,常会与各宗派所公认的教义不合,所以常引起各种不同的争议。而在历史研究的立场上,这样的问题比较不容易产生,因此对研究的推进是比较容易。另外在历史学的角度里,一方面将教理、思想纳入视野,一方面也将国家、社会的因素纳入研究范围,所以历史学的研究有一种总合性研究的优势。

以教理、思想面为研究中心的是佛教学,佛教学的研究领域可大致分两个方向。不针对某一特定的宗派上,而从佛教整体的演变来理解教理思想的是狭义的佛教学,相对的,站在某一特定的宗派教学的立场来研究的是宗学。狭义的佛教学是以印度、西藏、东南亚、东亚等的佛教为研究对象,其中也包括了日本。佛教学的研究,是站在以印度为佛教原点的佛教之流中,去理解其各自文化圈中的佛教。我自己也是从这方面来做研究。

为什么从这样的立场来做研究是必要的? 因为即使是日本人,身为佛教人而开展其思想时,多数是以透过汉译经典,从佛教的经典来探讨佛陀的精神为目的。如前所述一般,经典的翻译、传持经过二重、三重的曲折,而原本的经典是有着怎样的思想? 那又是在一种什么样的情况下被接纳? 又如何产生变容? 如何被解释? 这些研究都是不可或缺的。因此,这样的佛教研究,必然形成研究异文化间宗教、思想的接纳、变容的形态,也可以说是一种比较思想学、比较文化学。

与此相关的,这里稍微谈一下。不仅是佛教,日本思想史研究的困难之一,也是因日本思想中有相当大部分,是奠定在对一种外来思想的接纳上。从江户时代成为主流的儒教是如此,到近代全盘地接受的西洋哲学等学术都有这种现象,因为并不是日本思想史的纵向流向,而是个别地向外的一个方向,所以实在是很难以一个一贯的思想史来掌握、理解。

佛教学的另一个领域是宗学。这并不是说有另一个单独的学问叫宗学,而是像密教学、天台学、净土宗学、真宗学、禅学、日莲宗学等,以研究各自宗派的教学为目的。因此,虽然不能说是绝对,但基本上在他们以各自的宗派信仰与教理为前提,以之为主体时,该如何诠释就成为一个大问题。这一点与基督教的神学有非常近似的性质,因此也可以说是一个较特殊的领域。又有关宗派或宗祖的历史,因为累积了不少正规且具基础的研究,其成果是非常珍贵的。

对民俗学的期待

然而在教理研究的过程中,常碰到的问题是,对某个议题只能理解一部分。例如,像葬式佛教,或已经融入民众生活的习俗等,这些即使有教理性的说明,仍然也只是场面话而已。有人说日本的生活习俗中,引用吸收佛教形态的地方不少。例如想知道古代的佛教实态,虽然南都六宗的学问佛教很重要,但是毕竟也只能用来说明一部分优秀僧侣所信仰经营的佛教,与大多数民众是没有关系的。民众所信仰的佛教的实态,在《日本灵异记》中所描述则更栩栩如生。因此想明了日本佛教的实情,单凭教理或历史资料是不够的,文学,甚至是佛像等美术领域的部分也是不可或缺的。

特别是研究扎根于民众之间的风俗习惯的学问称为民俗学。日本的民俗学是由柳田国男所创设,因他把目标设定在佛教传入以前的日本人的生活习俗,所以与佛教相关的民俗研究则显得较落后,而当其呈现出某一程度的成果时,是在战后。虽然佛教与民俗学相关联的学问,仍然是一门很年轻的学问,有关这一方面的研究,希望将来能有长足的进步。

像这样子,日本的佛教深深植根于日本人的生活中,如果只是某一方面的研究,那是不太够的,须借由多方面的综合研究,才能显现某种程度的全貌。而在今天,还不能说各方研究的提携已经足够,但对相关联的各个领域,若能分点心稍微注意一下,就能避免关在自己专攻领域的象牙塔内,我想努力做到这一点,这也是研究者所不能轻视的。

汉文佛典的接纳

汉文佛典与训读

我自己的研究重心是从文献来理解,从印度、中国及朝鲜传到日本的佛教,如何被日本人所采纳,进而被改造,想从这样的角度对日本的佛教作另一面较具体的理解。

省却翻译辛苦而接纳汉文佛典

最初传到日本的佛典,基本上应该是汉文。也就是说在初传的阶段,就已经是从印度的佛教转了一个弯了。在属于汉文佛教圈的这一点上,中国、朝鲜、日本的佛教是共通的。然而成为他们共通基础的佛教汉文本身,是非常有特征,且还未被充分地理解。其特征之一是,因为翻译的缘故,所以与正统的汉文有些许出入。即使在现在也一样,常常有些翻译的西洋哲学书,其日语的表现总让人觉得怪怪的。而佛教的情形也是一样,从想法几乎完全不一样的印度语翻译而来,所以有时正统的汉文无法对译,也是无可奈何的事。

另一点是口语的语汇及语法很多。大量译经的六朝到隋唐的时代是中国语言史上的一个过渡期,是位居古代汉文,即古典中国语与近世、近代的中国语相衔接的时代。在古典期里看不到的一种新的口语文脉被写在文章里面,这样的文脉在佛典中非常显而易见。这样的语法,一般的汉文首见于唐诗中,然而六朝的佛典中却已是屡见不鲜了。

如此佛教的汉文和其他汉文文献一起传进日本,而成为信仰及研究的对象。此时应该特别注意的是,在日本没有经过翻译的作业,而直接应用了汉文。从佛典的汉译及西藏语译的过程,可以了解到翻译庞大的佛典,是须耗费多么大的精力的事。在西藏也将一部分的汉文翻译成藏文,相对地,朝鲜及日本则直接使用汉文,省下了翻译的辛劳。

训读的陷阱

但并不是直接使用汉文的原文,而是发明出一种叫做"训读"的独特解读方法。所谓的训读,如众所知的是将汉文变成日语的读法,例如"如是我闻"的训读变成"是の如くに我闻けり"。朝鲜也有类似这样的做法,只是日本的特色是几乎全面地采用这种训读法。在使用训读法时,不改成所谓的"书き下し"或"读み下し"的形式(译注:即把汉文改写成带有假名的日文),而在汉文的文面上直接加上"返点"及"送假名",古时候则是加上"ヲコト点"等记号。渐渐地不在文面上加上任何记号,即以所谓白文的方式来阅读,在日本以训读的方式来读汉文,几乎可以说是众所周知的一种常识。

训读是一种非常方便的方法,字面上虽然是外国语的汉文,而在读时,则以日本语的文脉来阅读。如此一来,汉文是外国语的同时也是日本语,变成具有双重性。因为原文是原原本本地留下来,所以能一面确认原文来解读,这比起完全翻译来,则可以减少误解之憾。另外,因为是以日语文脉方式来阅读的,所以也能减少学习外语的辛劳。虽然训读非常便利,但也有其陷阱之处。汉文想当然地被以训读方式来考量,而常常忘了其原本是外国语,忽视了原有的汉文语法,任意地以训读方式来解读。又存在误以为只要能训读,就能了解之类的错觉,而接受没有真正的翻译或解释等。特别是使用训读的文语之文,从过去到现在,佛教研究者仍是使用以训读方法来解读汉文的习惯,真是没长进。

这样说,听起来好像是我在批评训读,事实上绝没有这回事。我想要说的是,汉文毕竟是外国语,从过去长时间累积的训读,来看日本人对汉文理解的文化,也从中来看日本人对佛教的接纳、变容等观点,并应给予正确的评价与研究。有关训读的历史,由于最近国语学者的努力,而逐渐明朗化,但佛教研究者中,对训读保持关心的人未必多。

从初期的训读所见日语的相似处

训读开始于什么时候,虽然并不清楚,但似乎在奈良时代就已经使用,而有明确的记号及记入假名的文献,则是进入平安时代之后的事。最初的训读方式并不一致,但可以看出其努力使训读文读起来像日文的用心,慢慢地就形成了所谓的"汉文调"这一种独特的文体。例如小林芳规氏所举的例子[1],即比较《金刚般若经灵验记》这一本书开头的"鲁连谈笑而秦军自却"一文,平安初期与院政期的训读文如下:

鲁连といふひと谈笑せしからに秦の军自ら却きぬ(平安初期石山寺本)

鲁连谈笑ず。而して秦の军自却しき(院政期轮王寺本)

以上二文,可以看出平安初期的训读文较像日文。但故意避开把汉文改为繁杂的和文,且也因读的人的个性不同而有些不同,才有后者那样的文体。这样的情形,特别是到了江户时代则更彻底化,直到现在形成了所谓的"训读调"了。

古代在训读上用功夫的例子,可再以"如是我闻"的例子来看。平安初期的西大寺本的《金光明经》中,把"如是我闻"训读为:"是の如きことを我れ闻きたまへき。"[2]首先,"如是"通常训读为副词句——"是の如くに",这里则以体言(名词)来训读。而事实上,即使是汉文本身,也是除了佛典之外,几乎看不到把"如是"当副词解读的。另外,"如是我闻"的例子中,也有将"如是"解为体言,当作"闻"的目的语(受词)来解释。如此一来,西大寺本的"是の如きことを"读法也是有足够根据,这是十分耐人寻味的。

接着,"闻きたまへき"的解读方式,是值得注意的,"たまへ"是古文"たまふし"的下二段活用的谦让语,在"たまへ"的语尾加上表示过去式的"き"。因为"我"听闻佛陀所说,所以用谦让语来表达。汉文中对长辈

---

[1] 小林芳规《汉文训读体》(《岩波讲座日本语10、文体》,1977)。
[2] 春日政治《西大寺本金光明最勝王经,古点の国語学研究》本文篇(1942)。

虽然也以敬语来表达,但并不像日语的敬语那样复杂。日语的训读文中,后代则以"闻けり"表示,这正可以显示依平安期的日语来看,用谦让语是再自然不过了。

像这样子,只取一句"如是我闻",在古训读文中就费了许多心思,一面考量汉文的性质,一面也注意日语的常用性。在这样的努力下,使佛教得以扎根于日本,所以不能轻忽训读的使命。

以汉文解释为主看思想的展开

从亲鸾的训读看自由解释

或许有人会说:喔!原来如此,训读也有这么些问题。但问题并不仅是这个样子。因为训读,汉文可以变成以日文的文脉来表达。这样的处理如果顺利的话,则变成非常自由的构思,但相反的也可能造成任意解释的横行。

借训读达到自由解释的例子,可以举亲鸾为例。亲鸾思想的核心在《无量寿经》中所说的阿弥陀佛的第十八愿,第十八愿叙述了众生得以往生阿弥陀佛的极乐世界的条件,必须具备至心(真实的心)、信乐(信愿心)、欲生(欲生我国的心)。但亲鸾认为我等凡夫是不可能具备这三种心,因此形成亲鸾的独特解释。例如《无量寿经》中,陈述第十八愿的成就文如下:

> 诸有众生,闻其名号,信心欢喜,乃至一念,至心回向,愿生彼国,即得往生,住不退转。唯除五逆诽谤正法。

亲鸾的解读如下[1]:

> あらゆる众生,其の名号を闻きて,信心欢喜せむこと、
> 乃至一念せむ。至心に回向したまへり。

在这里应注意的重点是,将汉文的"回向"以敬语"回向したまへり"

---

〔1〕《教行信证》信卷。在其他地方有训读为"至心に廻向せしめまへり",和阿弥陀佛成为主体是一样的。

来解读。也就是说"回向"不是众生的行为,是阿弥陀佛的行为,是阿弥陀佛回向给众生的。众生在听闻了阿弥陀佛的名号,信心欢喜,乃至一念……但这些并不是众生个人力量所能为的,这些要成为可能,唯有仰赖阿弥陀佛的回向,也就是说阿弥陀佛的修行力回向给众生。这时候,众生只要坦然地接受阿弥陀佛的广大功德就可以。如此一来,亲鸾的"他力"思想,在贯彻上,例如透过像将"回向"解读为敬语的"回向したまへり",这样解释"他力"思想成为可能。

然而,经典的本文是不能这样解释的,"至心回向"的主语自始至终都是"诸有众生";亲鸾的解释则太过牵强。而亲鸾的如是解释之所以成为可能,是因为有日文的训读,汉文在汉文的文脉中被解体,而在日文的文脉中得以自由解释。

像这样的自由解释,到了中世纪的本觉思想文献,与其说是毫无拘泥,毋宁说已经是恣意横行的程度。例如对"一心三观"的读法,就有"一(ひらける)心に三观なり"、"心を一(もつぱら)にして观を三にす"、"心を一(わけ)て观を三にす"等三种[1],这些足够显示出其牵强附会。

在和汉的交集点上,孕育其独创性的道元

与前述之训读为前提的独创略不同的次元,在汉文与日文的尴尬上,展现出其独自思想的是道元。道元留宋四年,跟随如净学习,因此一般认为他应该具有相当的中文能力,但实际上道元的汉文也有些奇怪的地方,令人不得不怀疑其语学能力。据说道元是听到如净开示的"身心脱落"一语而开悟的,另外也有说此"身心脱落"是"心尘脱落"的误听[2]。当然,或许你要说"心尘"与"身心"并不容易听错,但,若将"心尘"误听为"心身",再将其解为"身心",并不是不可能的。

这些姑且不论,道元的《正法眼藏》一书,被认为是第一本真正用日文来表达思想的著作,是值得大书特书的。但其在行文的表达上,是极难

---

〔1〕《二帖抄见闻》(收录于《天台宗全书》)。
〔2〕 高崎直道《道元》(与梅原猛共著,角川书店,1969)。

令人读懂的,或许可说那正是道元的独创性。其独特点之一是,道元在言语的使用上是极敏感的,同时在语言的驱使上,他经常用让言语的机能逼近崩坏的临界点的态度,以日语的文脉来处理、理解用汉文表达的佛教思想。例如经常被引用的一个例子,即道元对《涅槃经》的"一切众生悉有佛性"一文的"悉有佛性"理解为"悉有是佛性也"。"悉有佛性"的意思是在众生的里面存在有佛性的可能态,但道元严峻地批判在某种东西里面有佛性存在的看法。因此道元对"悉有"一词解读为一切存在,所以"悉有佛性"意为一切存在不外乎是佛性。如此一来,佛性不是存在于某种东西里面,而显现于一切的存在本身,或说是毫不加掩饰的裸露于一切存在的东西。

道元的情况与亲鸾不同,他的想法并不是源自训读。例如:"今,悉有佛性之有,非是有无之有,悉有是佛语、佛舌也。"文中道元对"悉有"、"有"、"佛性"等语的解读,在言语的意义表达机能的极限上,自由自在地开展出来。借着将汉文织入不同语言文脉的和文中,因而揭开了通常在语言的指示机能被覆盖住的本质;如果只有汉文或只有和文则肯定不可能有如此之效果。这是与训读不一样的,也可以说是在与不同的语言相接之下才能成立的思想。

佛教的本土化与教化

现世主义的潮流

以上略述了从汉文的接纳而发展起来的思想。接着如众所周知的,日本的佛教是传自中国的,在其接受容纳的过程中,有计划地或毫不自觉地承袭了种种的变化。这些变化到底该说是独创的,或该说是恣意的、自以为是的堕落? 其分界是微妙的。当然这不是要针对价值评价的观点来给予解答的问题,或许是在变化接纳的过程中,说不定有其必然的理由。确实,在研究者的立场上,不应该随便下价值判断,追求事实才是第一使命。话虽如此,另外若考量宗教本质,其在宗教上是具有如何强的生命力? 这是必须经常自问的。

脱离现世要素的崩溃：出家的世俗化

那么,究竟宗教是什么? 佛教又是什么? 这是一个非常庞大的问题。只是,我总是在想宗教拥有一个很大的特性,那就是其恒常以欲超越现实世界、现世理念,追求一种不被现世所埋没,追求超越现世的一种态度。如众所周知,释尊为从人生的苦中解脱而出家。其所谓的苦,虽被统称为生、老、病、死四苦,或再加上爱别离苦、怨憎会苦、求不得苦、五阴炽盛苦而为八苦。所谓的八苦,是生存于现世的人所必然面对的苦恼,因此佛教具有强烈地脱离现世的因素,这在实践面上来说,是出家修行的形态。在初期佛教的阶段上,在家人如何来处理这样的问题,仍有待检讨。但至少在稍后的部派佛教则主张,不出家,修行是无法达到开悟的。

今日的东南亚佛教,仍严格地守着这样的规矩。

相对地,到了大乘佛教时代,在家人的地位上升,能够像维摩居士那样被描述为虽身处在家,却达到比出家人更优秀的境界。也发展出像净土信仰那样简单的行,也能往生净土的思想出来。以"空"为背景,出现了"烦恼即菩提"之类的"即"的思想。但是,在印度的大乘佛教里,始终主张如此之境地是要累积修行才能达成的,并没有主张我等凡夫能立"即"开悟的思想。这样的思想是从中国到日本的开展中,逐渐形成一种强化现世主义的倾向。在中国禅的顿悟思想中,这样的倾向是极为显著的,但在中国仍保有出家修行的形态。

到了日本,此一基本形态逐渐倾向崩坏。话虽如此,在日本虽然保住了出家的形态,但很早之前就承认出家人食肉娶妻的行为,出家人的世俗化正在加速中。《日本灵异记》的作者景戒,就是一位娶妻的出家人,在《灵异记》中,这类破戒僧被描述为"圣人"。从平安末期到镰仓时代,僧侣的娶妻被视为理所当然。只是在当时并未转变成为在家佛教,仍旧保有出家的外形一事,实在耐人寻味。虽然保有出家的形式,其内涵却完全改变,这也与汉文的训读非常雷同。

　　然而,与这点相关的问题是,佛教在日本一面倾向现世主义,另一方面对日本而言则开始学习现世否定的精神[1]。对于这一点,还有许多地方有待商榷,我个人大致上是认可这一点的。日本人的固有想法,被认为是倾向现世主义的。勉强地说,从古代末期到中世逐渐形成的脱离现世也是受到佛教的影响。相反地,佛教被带进重视现世的日本这一块土壤,在教理上代表此一思想的是本觉思想。

流向现世主义的本觉思想潮流

　　有关本觉思想,因为前面已经介绍过了,这里则说明以本觉思想为主轴而发展出来的,从古代到中世的佛教思想的演变。为本觉思想注入现世主义思想的源流,一般认为是最澄。对最澄而言,佛性说之所以会成为佛教的主流,是因为有任何人都能成佛的乐观说法,使出家修行的不可缺性变弱。又最澄努力地要在比睿山确立大乘戒檀,其大乘戒如同所谓的"真俗一如"一样,有除却出家与在家界限的方向。后来的大乘戒,逐渐地失去应该实质地去守持的意义,后来更被认为只要持有这样的精神就可以。如此一来,在最澄的时代里,现世主义的要素已经渗入本觉思想中,然而最澄本身是与本觉思想划清界线的,这可以从最澄定下了在山上闭关十二年的严格规矩,也就是说最澄采取的是严格守持戒律的方向。

　　其后的思想演变,若以天台宗为中心来看,可分两大主流,即吸收本觉思想与欲阻止本觉思想流入的方向。圆仁、圆珍、安然及其承继者之台密一脉是迎向本觉思想的,特别是安然的思想很显著地成为本觉思想发展过程中的基本思想,然而到了平安中期左右,这样的方向慢慢收敛,源信是代表着踩刹车的人。源信也承继了最澄的佛性说,著《一乘要决》一书。本书是以佛性说原理的文献为基础所做的主张,所以见不到本觉思想式的现世肯定主张;毋宁说他的净土教说,是属于超越现世的方向。到

---

　　[1]　家永三郎《日本思想史における否定の論理の発展》(1943)。

了平安后期,本觉思想借由口传法门的形式得以发展。那么,是否全部都是往本觉思想的方向发展?像证真那样,站在纯文献主义的立场,清楚地批判本觉思想的学者虽然是少数,但毕竟还是有的。如此到了镰仓期,两个思潮相互掺混,于是产生新的思想。

试想中世纪成熟的本觉思想所具使命,有一个非常重要的特点,那就是佛教本身含藏崩坏因素。这到底怎么一回事,让我们从神佛关系来思考。随着本地垂迹说的发展,神被视为是佛的示范,现实上化现在日本救济众生的神,被认为比背后的佛更有价值。站在本觉思想的现世主义立场上,在现世上只要有救济众生的神,就不需要佛。终于随着镰仓末期民族主义兴起的神道思想,一面摄取佛教思想而逐渐形成独立的思想,也是受到这个趋势的影响,佛教以本觉思想的形式,向现世主义化推进,而达到落实于日本这块土地上,这样的终结似乎可以说是佛教本身的本土化。

"沼地"日本

使根部腐烂的恐怖沼泽地

最近每当我想到佛教的本土化与教化时,脑海中常会浮现远藤周作的小说《沉默》[1]。《沉默》所处理的主题,虽然是江户时代初期备受压迫的基督徒,在这个主题上开展出宗教如何本土化的沉重话题,当然佛教在那样的话题中也无法避免被质询。

放弃自己信仰的前辈布教师费雷拉面对《沉默》的主角罗德利高这样说着:

"二十年了,我传教了二十年。"费雷拉以毫无情感的声音,再三重复相同的话。

"所知道的是在这个国家,你或我们的宗教终将无法在这个国

---

〔1〕《沉默》:1966 年发行。描述在禁止基督教信仰之下在日本传教的宣教师罗德利高在经历了种种事后,放弃自己信仰的宗教,在弃教的苦恼中才首次真正地接触了耶稣基督。

家生根。"

"不是无法生根，"祭司把头摇得像拨浪鼓一般，大声地喊着："根已经被切除了。"

但，面对嘶喊的祭司，费雷拉头也不抬地仍旧低伏着双眼，像一个毫无意志、毫无感情的洋娃娃一样地说：

"这个国家是沼地。您终于也了解了吧！这个国家是比想象中更恐怖的沼地。不管什么样的苗，若栽植入这个沼地，根就开始腐烂，叶子也开始枯黄。我们是在这样的沼地上，种下基督之苗。"

但是，他的努力有了结果，不也有一段信仰及广弘传的时期吗？面对罗德利高的死命追问，费雷拉像乘胜追击的追兵一样，一口咬定地说：

"不是这样的。这个国家的人们，当时信仰的不是我们的神，而是他们的神。这是我们长期以来没有认识到的，我们自以为是地认为日本人已成为基督徒罢了。"

以上当然是有关基督教的事情，但不能说佛教与之完全无关吧！毕竟佛教徒可曾认真地思维面对这样的问题？大家都认为佛教已经落实在日本，但其落实的内容又是怎样？在这块"恐怖沼地"的国土上，佛教的根果真能毫不腐烂地成长吗？

外来宗教本土化的根本问题

《沉默》的作者并不是只提出上述之疑问而已，作者肩负着基督徒而且是日本人的双重重担，在该书的末尾，与其说作了一个大胆的结论，毋宁说是他提出了一个新的思考方向。终于耶稣基督向双足欲踏向刻有玛利亚像和耶稣像的罗德利高呼喊道："踏吧！踏吧！为了让你们践踏我，才有我的存在。"罗德利高借由践踏耶稣画像，才首次听到耶稣的声音。

（踏吧！你的脚现在痛吧！和直至今日为止，践踏我的人们一样痛吧！但，单单脚痛就已经足够了。我将会分担你们的痛与苦，我也是为了分担你们的痛与苦而存在的。）

"主啊！我恨您总是保持着缄默。"

"我没有沉默啊！我一直和你们一起痛苦着。"

从沉默的神到一起受苦的基督,结果罗德利高不也陷入"沼地"了吗? 实际上,作者借用了筑后长官的话,强硬地提出了问题。

……对自己无可奈何的懦弱,众生依赖佛的慈悲,在日本则称此为救济。然而其祭司则明确地说：基督的救济与此完全不一样。基督的救济并不是只是仰赖造物神,而是伴随着信徒尽其所能的守护之心。如果是这样的话,基督的教义在被称为泥沼的日本,不知不觉地被扭曲了。

作者对这个问题,并没有作答。作者所提出的基督像,能否禁得住筑后长官的疑问? 在这里姑且不去讨论。而这里所谓的"佛的慈悲"是否是真正的佛教的东西? 这仍有待商议。但是,不管怎么说,不论是基督教或佛教想扎根于日本时,经常是要碰上同样的问题。对日本人而言,接受外来的思想、宗教,到底是怎么样一回事? 正因为佛教非常地深入日本,所以更要慎重地重新来看待这个问题。

参 考 文 献

1. 为想进一步做研究的人,略举些许基本资料及主要参考文献,并附简单说明。
2. 因为是以笔者常用的资料为主,所以未必客观或全面。
3. 以有关全体佛教的为主,关于特殊问题的则仅限于一部分。
4. 仅限于单行本,论文资料则省略。
5. 限于日本。英文文献请参阅 B. Earhart, *Japanese Religion*（Belmont：Wadsworth Pub., 3rd ed., 1982）卷末的文献指南。
6. 战前出版的书籍,省略发行所。目前重印的也不少。
7. 本文注释所举文献,此处未必全数列举,请参阅各注释。

Ⅰ 原文·史料丛书

（1）与整体相关的丛书

佛典的集成一般称为一切经、大藏经等,原本是不含日本的撰述。到了近代发行包含日文撰述的丛书,对研究者而言是极方便的。但因为是原文收录,所以对一般读者而言,也许有些不太习惯。

《大正新修大藏经》一〇〇卷（1924—34）。

    略称《大正藏》,是汉文佛典的集大成者。正编的五五卷,主要是汉译经典及中国撰述书。续编的三〇卷则收录了日本撰述书。再加上图像部十二卷《昭和法宝总目录》三卷,共一〇〇卷。在校订方面相对地也不错,广为全世界所采用。研究佛典时,首先该查《大正藏》成为研究者的常识。但日本的撰述方面,仅以教理书为主,并未全网罗。

《大日本佛教全书》一六六卷（1912—22）。

本编一五一卷,是只收录日本佛教的资料,集中规模最大。网罗了教理、历史、文学等。由铃木学术财团以新版全一〇〇卷重新发行出刊(1970—73)。

《日本大藏经》四八卷(1914—21)

主要以与教理相关的日本撰述书为主。由铃木财团增补改订版全一〇〇卷。

《国文东方佛教丛书》第一辑一〇卷、第二辑八卷(1925—22),鹫尾顺敬编。

是和文佛教书的集成,收录了大量与法语、传记类或文学关系的书籍。

《大日本续藏经》和装151帙七五一册(1905—12)。略称为《卍续藏》、《续藏》等。

是《卍大藏经》的续编,主要收录中国撰述的书籍。在寻求日本佛教的源泉时,有必要向中国的文献中去探索。

(2) 各宗派的丛书

主要的宗派都收集了他们各宗宗祖的著作及对宗祖著作的注释、高僧的著作、宗派的史料等,刊行《⋯⋯宗全书》等。这些都是研究各宗所不可欠缺的。此处则省去个别的解说,只列举主要著作。

《天台宗全书》二五卷(1935—37)。

现在《续天台宗全书》刊行中(春秋社,1987—)。

《真言宗全书》四四卷(1933—39)。

现在《续真言宗全书》刊行中(续真言宗全书刊行会,1975—)。与真言宗有关的另有《丰山全书》二〇卷,续二一卷,《智山全书》二一卷。

《净土宗全书》二〇卷。续十九卷(1907—28)。

《西山全书》一二卷(1913—36)。

《真宗全书》七四卷(1913—16)。

真宗关系还有《真宗大系》三七卷。续二十一卷,《真宗圣教全书》五卷,《真宗史料集成》十三卷等各种。

《时宗全书》二卷(芸林舍,1974)。

《曹洞宗全书》二〇卷(1929—38)。

《日莲宗宗学全书》二三卷(山喜房佛书林,1959—62)。

日莲宗关系尚有《日莲宗全书》二十六卷等。

(3) 个人全集

出版各宗派的宗祖,或高僧们的著作全集。法然、亲鸾、道元、日莲等的著作集已经出过数次,新版的校订更好,值得信赖。又空海、觉镀、法然、亲鸾等的著作集有白话文翻译或改写成带有假名的日文文体等入门性的全集。

《圣德太子全集》(1942—44)。

《弘法大师全集》(1910),增订版八卷(1965—68)。

《弘法大师诸弟子全集》三卷(1942)。

《传教大师全集》五卷(1912),新版(1965—68)。

《惠心僧都全集》五卷(1927—28)。

《兴教大师全集》二卷(1935)。

《昭和新修法然上人全集》(平乐寺书店,1955)。

《定本亲鸾上人全集》九卷(法藏馆,1969—70)。

《道元禅师全集》三卷(筑摩书房,1969—70)。

现在新编集的全集正刊行中(春秋社)。

《昭和定本日莲圣人遗文》(身延山久远寺,1952—59)。

《慈眼大师全集》二卷(1916)。

《铃木正三道人全集》一卷(山喜房佛书林,1962)。

《慈云尊者全集》二〇卷(1922—26)。

《白隐和尚全集》八卷(1934—35)。

(4) 与历史相关的史料集及其他

《群书类从》、《续群书类从》、《续续群书类从》、《国史大系》、《大日本古文书》、《大日本史料》、《宁乐遗文》、《平安遗文》、《镰仓遗文》等基本的史书中,含有许多的佛教资料。另外,《日本思想斗争史料》、《神佛分离史料》、《神道大系》等,也与佛教有关。而有关佛教文学的资料的有《释教歌咏集成》。

(5) 注释、现代语译的系列

《国译一切经》和汉撰述部一〇三卷(大东出版社,1936—)对主要文献改写为带有假名、汉文的日文文体。

《佛教大系》六五卷(1917—38)。

以主要文献再加上各种注释书的方式编集而成,其中《正法眼藏注解全书》一〇卷等,单独流布非常广。

又《日本思想大系》(岩波书店)、《日本古典文学大系》(同)、《日本の思想》(筑摩书房)、《日本の名著》(中央公论社)等也均含有佛教资料。特别是《日本思想大系》的佛教相关的书,是针对重要、主要的原文加上假名并作注及加上解说,广为爱用。另外,还有《日本の仏典》(筑摩书房)、《大乘佛典》中国·日本篇(中央公论社)、《日本の禅語録》(讲谈社)、《佛典讲座》(大藏出版社)等系列。收录了主要原文的译注或解说。

Ⅱ 辞典·年表等

(1) 辞典

a. 与一般佛教相关的辞典

望月信亨《佛教大辞典》七卷(1906—37)。增订版一〇卷。

一般称"望月辞典",是最大的佛教辞典。本篇五卷,年表·索引各一卷,增补、补遗三卷。是大项目主义,主要项目可成为一篇论文。

龙谷大学《佛教大辞汇》三卷(1914—22)。新版七卷。

织田得能《佛教大辞典》(1917)。

是一册本的小项目语汇辞典的代表。说明用古文式的多,有时难解,但举例很多,值得信赖。读文献时放在案上是不可或缺的。

中村元《佛教语大辞典》三卷(东京书籍,1975。有一卷的缩刷本)。

小项目的语汇辞典。说明浅显易懂,语汇十分丰富。

宇井伯寿监修的《コンサイス仏教辞典》(1938)。

语汇虽多,但未标出处。

多屋、横超、舟桥编《佛教学辞典》(法藏馆,1955)。

中村元监修的《新·佛教辞典》(诚信书房,1962)。

简明的入门用辞典。因为是站在现代的问题意识上做说明的,所以明白易解,读来也十分有趣。

《现代仏教を知る大事典》(金花舍,1980)。

如书名所示,是想知道现代佛教的百科事典,很有特色。其中的学术编令了解战后学术的研究史相当方便。

《总合佛教大辞典》三卷(法藏馆,1987)。

早岛镜正监修《仏教·インド思想辞典》(春秋社,1987)。

古田、金冈、镰田、藤井监修《佛教大事典》(小学馆,1988)。

岩本裕《日本佛教语辞典》(平凡社,1988)。

中村、福永、田村、今野编《岩波佛教辞典》(岩波书店,1989)。

金冈秀友、柳川启一监修《佛教文化事典》(佼成出版社,1989)。

以上是比较近期发刊的,各有各的特色。

《佛书解说大辞典》十三卷(1933—78)。

网罗佛教文献所做的解说辞典。资料有些许旧,也标示了主要的写本与刊本的所在。最近有以著者别书名录重新印行。

水野、中村、平川、玉城编《佛典解题事典》(春秋社,1966)。

《日本佛教典籍大事典》(雄山阁出版,1986)。

是有关日本的佛教文献的解题。其他另外有铃木学术财团版的《大日本佛教全书》与《日本大藏经》也十分方便。鹫尾顺敬《日本佛家人名辞书》(1903)。

依今日研究水准来看稍嫌旧,但却是与佛教有关的最大的人名辞典。

b. 宗派或相关领域的东西

《密教大辞典》三卷(1931—33)。增订版六卷(有一卷的缩刷本)。

《净土宗大辞典》四卷(山喜房佛书林,1974—82)。

《真宗大辞典》三卷(1932)。

《禅学大辞典》三卷(大修馆书店,1978。有合册一卷本)。

《本化圣典大辞林》三卷(1920)。

《国史大辞典》一五卷(吉川弘文馆,1979—)。

《日本国语大辞典》二〇卷(小学馆,1972—76)。

(2)年表

望月信亨《佛教史年表》(1909)。

 相当望月《佛教大辞典》第六卷。现在均使用增订版。

山崎宏、笠原一男监修《佛教史年表》(法藏馆,1979)。

笠原一男编《日本宗教史年表》(评论社,1974)。

三枝充悳《佛教小年表》(大藏出版,1973)。

(3)目录

《国书总目录》八卷(岩波书店,1963—72)。

 是调查写本或刊本时不可或缺的。续编有《古典籍总合目录》三卷(1990)。

《日本佛教全集丛书资料总览》三卷(本之友社,1986)。

 对于想知道前述Ⅰ项中,所举丛书类的具体内容,是相当方便的。

 龙谷大学编《佛教学关系杂志论文分类目录》四卷(百华苑·永田文昌堂,1961—86)。

 可借此书调查研究论文。类似的图书还有《佛教学关系杂志文献总览》(国书刊行会,1983)。

以上之外,尚有《密教关系文献目录》、《律宗书籍目录》、《昭和现存天台书籍综合目录》等各宗派的目录。又有寺院或图书馆的所藏目录,甚至有《日本古写经现存目录》等。

(4)索引

《大正新修大藏经索引》之外,还有《传教大师全集索引》、《亲鸾著作用语索引》、《正法法眼藏用语索引》等个别的索引。历史关系方面有《僧历总览》、《僧传史料》、《六国史索引》等相当有助益。

Ⅲ 研究书(总论)

(1)研究的入门书

花山信胜《日本佛教》(1944)

 战时的著作,其第五章"日本佛教研究文献总说"至今仍有助益。

笠原一男编《日本宗教史研究入门》(评论社,1971)以历史学领域为主,网罗、介绍了战后主要的日本宗教史研究者的业绩。

大谷大学佛教学会编《仏教学への道しるべ》(文荣堂书店,1980)

　　　以文献指南为中心的佛教研究入门。日本佛教方面则收录于第四篇
　　　《日本佛教研究文献要览》(白土わか・坂东性纯)

平川彰编《佛教研究入门》(大藏出版,1984)

　　　与前述《仏教学への道しるべ》类似性格的书,并没有设定"日本佛教"
　　　的独立项目,而是以各宗别为主的研究指南。

(2) 日本佛教史(一般书籍)

村上专精《日本佛教史纲》(1899)。

　　　最早的近代的佛教史,有历史性的价值。

境野黄洋《日本佛教史讲话》(1931)。

　　　虽然只写到平安朝的部分,但到现在仍很有参考价值。

桥川正《总合日本佛教史》(1932)。

　　　以文化史的角度书写,颇为新鲜。

圭室谛成《日本佛教史概说》(1940)。

　　　含主要人物及其著作的解说,虽然是小作品但很有分量。

辻善之助《日本佛教史》一〇卷(岩波书店,1944—55)。

　　　实证史学的金字塔。依据经过严密的史料批判而网罗的严选的史料,
　　　所描写的总合性的佛教史。即使目前仍没有能超越之的。

宇井伯寿《日本佛教概史》(岩波书店,1951)。

　　　重视人物的系谱。

渡边照宏《日本の仏教》(岩波新书,1958)。

　　　对日本佛教提出批判性问题点的书。

家永、赤松、圭室编《日本佛教史》三卷(法藏馆,1967)。

　　　是战后佛教史学的标准通史。

川崎庸伐、笠原一男编《宗教史》(山川出版社,1964)。

二叶宪香编《史料日本佛教史》(永田文昌堂,1986—)。

　　　作为史料集参考十分方便。改订增补版三卷(下卷未刊)。

千叶、北西、高木《佛教史概说》日本篇(平乐寺书店,1969)。

　　　教科书式的整理得非常好。

田村芳朗《日本佛教史入门》(角川选书,1969)。

　　　站在文化史的视点而写。卷末的文献指南十分便利。

中村、笠原、金冈监修《アジア仏教史》日本篇。九卷(佼成出版社,1972—77)。

　　　详细且一般取向,易懂易解。

以下则是较近代的作品,各有各的特征。

笠原一男编《日本宗教史》二卷(山川出版社,1977)。

平川彰《インド・中国・日本仏教通史》(春秋社,1977)。

大隅和雄、速水侑编《日本佛教史》(梓出版社,1981)。

高取、赤井、藤井编《图说日本佛教史》三卷(法藏馆,1980—81)。
石田瑞麿《日本佛教史》(岩波书店,1984)。
太田、中村、滨田监修《图说日本の仏教史》六卷(新潮社,1988—90)。
五来重《日本人の仏教史》(角川选书,1989)。
　　从民俗学的立场而写的佛教史,新鲜且富问题意识。
速水侑《日本佛教史　古代》(吉川弘文馆,1986)。
圭室文雄《日本佛教史　近世》(吉川弘文馆,1987)。

(3) 思想史
岛地大等《日本佛教教学史》(1933)。
　　是作者在大学授课时的讲义录,作者往生后整理而成。因此,虽然不太
　　完整,却是至今唯一的真正地教理史。佛教史的好作品。
大野达之助《日本佛教思想史》(吉川弘文馆,1957)。
古田绍钦《日本佛教思想史》(角川书店,1960)。
由木义文《日本佛教思想史》(世界圣典刊行协会,1979)。

(4) 讲座、论文集
《论集日本佛教史》一二卷(雄山阁出版,1986—91)。
《大系・仏教と日本人》一二卷(春秋社,1985—92)。
《日本名僧论集》一〇卷(吉川弘文馆,1982—83)。
《日本佛教宗史论集》一〇卷(吉川弘文馆,1984—85)。
《日本佛教基础讲座》七卷(雄山阁出版,1978—80)。
《佛教考古学讲座》七卷(雄山阁出版,1975—77)。
《民众宗教丛书》三〇卷(雄山阁出版,1982—　)。
《山岳宗教史研究丛书》一八卷(名著出版,1975—84)。
《シリーズ・女性と仏教》四卷(平凡社,1989)。
除了上述所介绍之外,《日本人の行動と思想》等系列书中,与佛教有关的亦
很多。

(5) 相关领域的讲座、丛书类
《日本思想史讲座》一〇卷(雄山阁出版,1975—78)。
《讲座东洋思想》一〇卷(东京大学出版会,1967)。
《讲座日本思想》五卷(东京大学出版会,1983—84)。
《岩波讲座・东洋思想》一六卷(岩波书店,1988—90)。
《岩波讲座・日本历史》二六卷(岩波书店,1975—77)。

Ⅳ 研究书(各论)

有关个人传记或思想的作品此处暂作割爱。个人传记方面"人物丛书"(吉
川弘文馆)系列,含多数佛教人的传记。

(1) 通宗派的研究(已有定论之研究)
举截至 1970 年已有定论之研究(依著者的五十音顺排)
赤松俊秀《鎌倉仏教の研究》(平乐寺书店,1957)。
　　　　《續鎌倉仏教の研究》平乐寺书店,1966)。
网野善彦《无缘・公界・乐》(平凡社,1978)。
家永三郎《上代佛教思想史研究》(1942)。
　　　　《中世佛教思想史研究》(法藏馆,1947)。
石田瑞麿《日本仏教における戒律の研究》(在家佛教协会,1963)。
石田茂作《写経より見たる奈良朝仏教の研究》(1930)。
井上　薫《奈良朝仏教史の研究》(吉川弘文馆,1966)。
井上光贞《日本古代の国家と仏教》(岩波书店,1971)。
宇井伯寿《佛教泛论》二卷(岩波书店,1948)。
梅原　猛《地獄の思想》(中央公论社,1967)。
大屋德城《日本仏教史の研究》三卷(1928—29)。
大山公淳《神佛交涉史》(1944)。
柏原祐泉《日本近世近代仏教史の研究》(平乐寺书店,1969)。
笠原一男《女人往生思想の系譜》(吉川弘文馆,1975)。
数江教一《日本の末法思想》(弘文堂,1961)。
黑田俊雄《日本中世の国家と宗教》(岩波书店,1975)。
岛地大等《佛教大纲》(1931)。
　　　　《教理と史論》(1931)。
玉城康四郎《日本佛教思想论》上(平乐寺书店,1974)。
圭室谛成《葬式佛教》(大法轮阁,1963)。
圭室文雄《江戸幕府の宗教統制》(评论社,1971)。
田村円澄《飞鸟佛教史研究》(吉川弘文馆,1969)。
　　　　《飞鸟・白凤佛教论》(雄山阁出版,1975)。
田村芳朗《鎌倉新仏教思想の研究》(平乐寺书店,1965)。
辻善之助《日本佛教史之研究》二卷(1919,31)。
鹤冈静夫《日本古代仏教史の研究》(文雅堂书店,1962)。
常盘大定《日本仏教の研究》(1943)。
　　　　《仏性の研究》(1930)。
中井真孝《日本古代の仏教と民衆》(评论社,1973)。

永田广志《日本封建制イデオロギー》(1938)。

中村　元《日本人の思惟方法》(《东洋人の思惟方法》二、みすず书房,1949)。
　　　　　《近世日本における批判的精神の一考察》(三省堂,1949)。

硲　慈弘《日本仏教の开展とその基调》二卷(三省堂,一九金八,五三)。

速水　侑《平安貴族社会と仏教》(吉川弘文館,1975)。

平冈定海《日本弥勒浄土思想展開史の研究》(大藏出版,1977)。

二叶宪香《古代佛教思想史研究》(永田文昌堂,1962)。

古田绍钦《日本仏教思想史の諸問題》(春秋社,1964)。

堀　一郎《我が国民間宗教史の研究》二卷(创元社,1953)。

村山修一《神佛习合思想》(平乐寺书店,1957)。
　　　　　《本地垂迹》(吉川弘文館,1974)。

山折哲雄《日本佛教思想论序说》(三一书房,1973)。

(2) 通宗派的研究(最近的动向)

1980 年代以后的主要研究书(著者五〇音顺)。

井上光贞《日本古代思想の研究》(岩波书店,1982)。

今井雅晴《鎌倉新仏教の研究》(吉川弘文館,1991)。

今堀太逸《神祇信仰の展開と仏教》(吉川弘文館,1990)。

大野达之助《鎌倉新仏教成立論》(吉川弘文館,1982)。

大桑　齐《日本近世の思想と佛教》(法藏館,1989)。

黑田俊雄《日本中世の社会と宗教》(岩波书店,1990)。

佐久间竜《日本古代僧伝の研究》(吉川弘文館,1983)。

佐佐木馨《中世国家の宗教構造》(吉川弘文館,1988)。

佐藤弘夫《日本中世の国家と仏教》(吉川弘文館,1987)。

菌田香融《平安仏教の研究》(法藏館,1981)。

高木　丰《镰仓佛教史研究》(岩波书店,1982)。

高取正男《民间信仰史の研究》(法藏館,1982)。

高埜利彦《近世日本の国家権力と宗教》(东京大学出版会,1989)。

田中久夫《镰仓佛教杂考》(思文阁出版,1982)。

田村芳朗《本觉思想论》(春秋社,1990)。
　　　　　《日本佛教论》(春秋社,1991)。

中世寺院史研究会编《中世寺院史の研究》二卷(法藏館,1988)。

逵日出典《神佛习合》(六兴出版,1986)。

中井真孝《日本古代仏教制度史の研究》(法藏館,1991)。

中村　元《日本思想史》(东方出版,1988)。

袴谷宪昭《本觉思想批判》(大藏出版,1989)。

平冈定海《日本寺院史の研究》二卷(吉川弘文館,1981,88)。

平林盛得《聖と説話の史的研究》(吉川弘文館,1981)。

二叶宪香《日本古代仏教史の研究》(永田文昌堂,1984)。
堀池春峰《南都仏教史の研究》二卷(法藏馆,1980,82)。
松尾刚次《镰仓新仏教の成立》(吉川弘文馆,1988)。
由木义文《東国の仏教》(山喜房佛书林,1983)。
渡部真弓《神道と日本仏教》(ぺりかん社,1991)。

(3) 宗派别的基本研究・概说

赤松俊秀、笠原一男编《真宗史概说》(平乐寺书店,1963)。
浅井円道《上古日本天台本门思想史》(平乐寺书店,1973)。
石田瑞麿《浄土教の展開》(春秋社,1967)。
石田充之《日本浄土教の研究》(百华苑,1952)。
伊藤唯真《浄土宗の成立と展開》(吉川弘文馆,1981)。
井上光贞《日本浄土教成立史の研究》(山川出版社,1956)。
今井雅晴《時宗成立史の研究》(吉川弘文馆,1981)。
今枝爱真《禅宗の历史》(至文堂,1966)。
　　　　《中世禅宗史の研究》(东京大学出版会,1970)。
上杉文秀《日本天台史》(1935)。
惠谷隆戒《浄土宗史》(平乐寺书店,1948)。
大村西崖《密教发达志》(1918)。
大桥俊雄《時宗の成立と展開》(吉川弘文馆,1973)。
影山尧雄《日蓮教団史概说》(平乐寺书店,1959)。
笠原一男《真宗における異端の系譜》(东京大学出版会,1968)。
胜又俊教《密教の日本的展開》(春秋社,1970)。
木内尧央《天台密教の形成》(溪水社,1984)。
栉田良洪《真言密教成立過程の研究》(山喜房佛书林,1964)。
佐藤哲英《叡山浄土教の研究》(百华苑,1979)。
岛地大等《天台教学史》(1929)。
清水谷恭顺《天台密教の成立に関する研究》(文一总合出版,1972)。
高峰了州《华严思想史》(1942)。
竹贯元胜《日本禅宗史》(大藏出版,1989)。
玉村竹二《日本禅宗史论宗》三卷(思文阁出版,1976—81)。
栂尾祥云《秘密佛教史》(1933)。
德田明本《律宗概论》(百华苑,1969)。
深浦正文《唯识学研究》二卷(永田文晶堂,1954)。
富贵原章信《日本唯识思想史》(1944)。
　　　　《日本中世唯识思想史》(大东出版社,1975)。
福田尧颖《天台学概说》(三省堂,1954)。
船冈　诚《日本禅宗の成立》(吉川弘文馆,1987)。

古田绍钦《日本禅宗史の諸問題》(大东出版社,1988)。

细川凉一《中世の律宗寺院と民衆》(吉川弘文馆,1987)。

松长有庆《密教の歴史》(平乐寺书店,1969)。

宫家　准《修験道儀礼の研究》(春秋社,1971)。

　　　　　《修験道思想の研究》(春秋社,1985)。

汤次了荣《华严大系》(1915)。

和歌森太郎《修验道史研究》(1943)。

佛 教 史 年 表

西　历	和　历	日本传教史	亚 洲 传 教 史
前5世纪			瞿昙、佛陀殁（又前4世纪）
前268			大约在这个时候阿育王即位（ —232左右）
1世纪			大约在这个时候大乘佛教兴起
67			后汉明帝梦见金人、求佛法
250			约在此时龙树殁（150左右— ）
372			佛教传进高句丽
384			佛教传入百济
385			道安殁（312— ）
401			鸠摩罗什来到长安
446			北魏太武帝废佛（第一次三武一宗法难）
5世纪			世亲约活跃于这个时代

西 历	和 历	日本传教史	亚洲传教史
522	继体 十六年	汉人司马达等抵日、奉佛教	
527	二十一年		新罗承认佛教
538	钦明 七年	百济的圣明王赠钦明天皇佛像等(佛教公传,一说552)	梁武帝开始举行盂兰盆会
574	敏达 三年		北周武帝废佛(第二次三武一宗废佛)
577	六年		南岳慧思殁(515—)
584	十三年	司马达等之女、嶋三人出家,法号善信尼等(一说538)	
593	推古 元年	圣德太子摄政	
594	二年	下诏兴隆佛法	
597	五年		智𫖮殁(天台宗,538—)
602	十年	百济僧观勒抵日,传历法等	
606	十四年	圣德太子讲说《胜鬘经》、《法华经》	
622	三十年	圣德太子殁(574—)	
623	三十一年		吉藏殁(三论宗,549—)
624	三十二年	始设僧正、僧都	
625	三十三年	高句丽僧慧灌抵日,三论宗初传日本	
645	大化 元年	下诏兴隆佛法。制定十师制	玄奘自印度归国,从事译经

（续表）

西 历	和 历		日本传教史	亚 洲 传 教 史
653	白雉	四年	道昭入唐从玄奘学、660 年左右返日	
664	天智	三年		玄奘殁（602— ）
669		八年	中臣镰足营造山阶寺（后来的兴福寺）	
670		九年	法隆寺烧失	
673	天武	二年	于川原寺书写一切经	
676		五年	开始举行放生会。于诸国讲说《金光明经》、《仁王经》	
680		九年	为祈祷皇后病愈,发愿建立药师寺	
681		十年		善导殁（净土教,613— ）
682		十一年		基（慈恩大师）殁（法相宗,632— ）
683		十二年	任僧正、僧都、律师,以监督僧尼	
685		十四年	各家奉佛像、置经典,使礼拜之	
686	朱鸟	元年		新罗元晓殁（华严宗,617— ）
690	持统	四年		则天武后篡位为帝,于各地建大云寺
699	文武	三年	役小角被流放伊豆	
700		四年	道昭殁（629— ）,施以火葬（火葬之始）	

（续表）

西　历	和　历		日本传教史	亚洲传教史
701	大宝	元年	制定僧尼令	
702		二年	于诸国置国师	
712	和铜	五年		法藏殁（华严宗，643—　）
713		六年		慧能殁（禅宗六祖，638—　）
716	灵龟	二年		善无畏自印抵中，翻译《大日经》
717	养老	元年	禁止行基的民间布教等活动	
718		二年	道慈自唐归，住大安寺	
720		四年		金刚智自印度抵中，翻译《金刚顶经》
723		七年	兴福寺设施药院、悲田院	
727	神龟	四年		一行殁（善无畏的弟子，683—　）
728		五年	颁给各国《金光明经》	
735	天平	七年	玄昉自唐携回经论五千余卷	
736		八年	唐僧道璿、天竺（印度）僧菩提仙那、林邑（越南）僧佛哲来日	
740		十二年	新罗僧审祥，始讲《华严经》	
741		十三年	下诏于各国置设国分寺、国分尼寺	

189

（续表）

西 历	和 历	日本传教史	亚 洲 传 教 史
743	十五年	下诏建大佛	
745	十七年	任命行基为大僧正，左迁玄昉至筑紫	
749	天平胜宝元年	大佛本体的铸造完成，行基殁(668—)	
752	四年	东大寺大佛开光法会	
753	五年	鉴真抵日	
754	六年	鉴真于东大寺大佛前为圣武太上天皇等授戒	
755	七年	于东大寺设戒檀院	
759	天平宝字三年	唐招提寺建立	
761	五年	于下野药师寺、筑紫观音寺设戒檀	西藏的赤松德赞决心使佛教国教化
763	七年	鉴真殁(688—)	
766	天平神护二年	道镜成为法王	
770	宝龟 元年	道镜失势，流放下野	
774	五年		不空殁（金刚智的弟子，705— ）
779	十年	《唐大和上东征传》（淡海三船）成书	寂护在西藏首授具足戒，并成立僧团
785	延历 四年	最澄于东大寺受戒后，闭关于比睿山	

（续表）

西　历	和　历		日本传教史	亚洲传教史
788		七年	最澄建比睿山寺（初名一乘止观院,后名延历寺）	马祖道一殁（禅宗的确立者,709— ）
794		十三年		在西藏的桑耶寺,印度的莲华戒与唐的摩诃衍辩论
797		十六年	空海著《三教指归》	
804		二十三年	最澄、空海入唐	
805		二十四年	最澄归国	惠果殁（空海之师,746— ）
806	大同	元年	天台宗得到每年二名的年分度者,空海归国	
816	弘仁	七年	空海开创高野山	
817		八年	最澄著《照权实镜》,与德一辩论	
818		九年	最澄制定六条式、八条式,并著《守护国戒章》	
819		十年		韩愈著《论佛骨表》,批评佛教
820		十一年	最澄著《显戒论》	
822		十三年	最澄殁（767— ）,获准在比睿山设戒坛院,约在此时《日本灵异记》（景戒）完成	
823		十四年	赐空海东寺,并称为教王护国寺	
830	天长	七年	约在此时敕命撰写天长六本宗书（空海《十住心论》等）	

（续表）

西　历	和　历		日 本 传 教 史	亚 洲 传 教 史
835	承和	二年	空海殁(774—　)	
838		五年	圆仁、圆行、常晓等入唐	
843		十年		西藏的吐蕃王国分裂,佛教衰退
845		十二年		唐武宗废佛(第三次三武一宗法难)
847		十四年	圆仁归国,著《入唐求法巡礼行记》	
853	仁寿	三年	圆珍入唐(858年归国)	
863	贞观	五年	于神泉苑修御灵会	
864		六年	圆仁殁(794—　)	
867		九年		临济义玄殁(临济宗,生年不详)
874		十六年	圣宝着手创建醍醐寺	
891	宽平	三年	圆珍殁(814—　)	
938	天庆	元年	空也于首都弘传念佛	
955	天历	九年		后周世宗废佛(第四次三武一宗法难)
960	天德	四年		宋太祖复兴佛教。高丽僧谛观携佛典入宋
963	应和	三年	应和宗论(良源等与南都诸师论争)	
972	天禄	三年	空也殁(903—　)	
983	永观	元年	奝然入宋(986年归国)	
984		二年	源为宪著《三宝绘词》	

192

（续表）

西 历	和 历		日本传教史	亚 洲 传 教 史
985	宽和	元年	良源殁（912— ），源信著《往生要集》	
986		二年	二十五三昧会成立，约在此时庆滋保胤著《日本往生极乐记》	
993	正历	四年	圆珍门徒与圆仁门徒相争而下山	
1006	宽弘	三年	源信著《一乘要决》，兴福寺僧徒上诉	
1007		四年	藤原道长埋经于金峰山	
1017	宽仁	元年	源信殁(942—)	
1022	治安	二年	藤原道长建立法成寺金堂	
1028	长元	元年		知礼殁（天台宗,960— ）
1039	长历	三年	延历寺僧徒上诉藤原赖通	
1042	长久	三年		阿底峡入西藏,并复兴佛教
1052	永康	七年	一般认为末法到来之年	
1053	天喜	元年	藤原赖通建立平等院凤凰堂	
1058	康平	元年	法成寺烧失	
1090	宽治	四年		高丽的义天编集《新编诸宗教藏总录》
1094	嘉保	元年	永超著《东域传灯目录》	

西　历	和　历		日 本 传 教 史	亚 洲 传 教 史
1103	康和	五年	约在此时永观著《往生拾因》	
1117	永久	五年	据说良忍于此年感得"融通念佛"之偈	
1126	大治	元年	藤原清衡建立中尊寺	
1135	保延	元年		圆悟克勤殁（《碧岩录》的作者,1063—　）
1140		六年	觉鑁离开高野山,移至根来	
1143	康治	二年	觉鑁殁(1095—　)	
1168	仁安	三年	荣西入宋,同年归国	
1175	安元	元年	法然下比睿山,提倡专修念佛	
1180	治承	四年	平重衡纵火南都,东大寺、兴福寺烧失	
1187	文治	三年	荣西再度入宋(1197年归国)	
1189		五年	能忍送弟子至拙庵德光处,并获印可	
1194	建久	五年	禁止荣西、能忍等的禅宗的弘通	
1198		九年	法然撰《选择本愿念佛集》,荣西著《兴禅护国论》	
1201	建仁	元年	亲鸾离开比睿山,入法然门	
1202		二年	荣西建立建仁寺	

194

（续表）

西　历	和　历	日本传教史	亚洲传教史
1203	三年		伊斯兰军的攻入、破坏致使印度佛教毁灭
1205	元久　二年	贞庆执笔批评念佛的《兴福寺奏状》问世	
1206	建永　元年	重源殁（1121—　）	
1207	承元　元年	勒令停止念佛,法然弟子两名死罪,法然,亲鸾等流放	
1210	四年		高丽僧知讷殁（曹溪禅的开创者,1158—　）
1211	建历　元年	俊芿自宋归国（1199年入宋）	
1212	二年	法然殁（1133—　）,明惠著《摧邪轮》批判法然	
1213	建保　元年	贞庆殁（1155—　）	
1220	承久　二年	慈圆著《愚管抄》	
1224	元仁　元年	亲鸾著《教行信证》	
1225	嘉禄　元年	慈圆殁（1155—　）	
1227	安贞　元年	道元自宋归国	
1232	贞永　元年	明惠殁（1173—　）	
1246	宽元　四年	兰溪道隆自宋来日	
1253	建长　五年	道元殁（1200—）,创建建长寺,日莲开始于镰仓布教	
1260	文应　元年	日莲著《立正安国论》	无门慧开殁（《无门关》的作者）

（续表）

西　历	和　历		日本传教史	亚 洲 传 教 史
1262	弘长	二年	亲鸾殁(1173—)	
1268	文永	五年	凝然著《八宗纲要》	
1269		六年		志磐编纂《佛祖统纪》
1271		八年	日莲流配佐渡	
1274		十一年	一遍得到熊野的神谕,广弘念佛	
1275	建治	元年		约在此时,高丽的一然编纂了《三国遗事》
1282	弘安	五年	日莲殁(1222—)	
1289	正应	二年	一遍殁(1239—)	
1290		三年	睿尊殁(1201—)	
1303	嘉元	元年	忍性殁(1217—)	
1321	元亨	元年	凝然殁(1240—)	
1322		二年	虎关师炼撰著《元亨释书》	西藏的布顿著《佛教史》
1325	正中	二年	莹山绍瑾殁(1268—)	
1342	康永	元年	再编五山十刹的制度	
1351	观应	二年	梦窗疏石殁(1275—)	白莲教的红巾乱起
1379	康历	元年	春屋妙葩成为天下僧录	
1392	明德	三年		朝鲜李朝成立,以后加强佛教统制策
1397	应永	四年	足利义满营造金阁寺	
1419		二十六年		宗喀巴殁(西藏佛教的改革者。1357—)

196

（续表）

西　历	和　历		日 本 传 教 史	亚 洲 传 教 史
1440	永享	十二年	日亲被足利义教所捕,接受拷问	
1471	文明	三年	莲如开始于越前吉崎布教	
1474		六年	加贺的一向一揆起义	
1480		十二年	莲如重兴在山科的本愿寺	
1481		十三年	一休宗纯殁(1394—)	
1482	文明	十四年	足利义政开始营造东山山庄(银阁寺)	
1488	长享	二年	加贺的一向一揆灭了守护的富樫氏	
1499	明应	八年	莲如殁(1415—)	
1532	天文	元年	六角定赖与日莲的宗徒们火烧山科的本愿寺	
1536		五年	天文法华之乱(延历寺僧徒破京都的日莲宗徒)	
1571	元龟	二年	织田信长火攻比睿山	
1575	天正	三年	织田信长平定越前的一向一揆	
1579		七年	安土宗论(净土宗与日莲宗的论争),其结果是信长罚日莲宗徒	
1580		八年	本愿寺显如与信长和解,离开石山	

（续表）

西　历	和　历	日本传教史	亚洲传教史
1581	九年	信长斩高野山僧侣千余人	
1585	十三年	丰臣秀吉火攻根来寺	
1586	十四年	秀吉开始营造方广寺大佛殿	
1592	文禄　元年		面对壬辰的倭乱（文禄之役，秀吉侵略朝鲜）西山休静等的义僧军活跃
1595	四年	日奥以不受不施的立场拒绝出席方广寺大佛殿的千僧供养	
1599	庆长　四年	日奥在德川家康前与受不施派讨论，结果翌年被判流罪	
1602	七年	教如开东本愿寺，东西本愿寺分裂	
1603	八年		紫柏真可殁（明四大法师之一，1543—　）
1615	元和　元年	颁定诸宗诸本山法度	云栖袾宏殁（明四大法师之一，1535—　）
1623	九年		憨山德清殁（明四大法师之一，1546—　）
1625	宽永　二年	天海创建东比睿山宽永寺	
1627	四年	紫衣事件（敕许大德寺、妙心寺等之紫衣无效）	

（续表）

西　历	和　　历	日 本 传 教 史	亚 洲 传 教 史
1629	六年	违背紫衣停止的命令,泽庵宗彭等被判流罪	
1630	七年	身池对论(受不施、不施不受的论争),不受不施派的日奥、日树等被判流罪,日奥殁(1565—)	
1632	九年	令诸宗至明年作成在诸宗的本山设末寺帐(宽永本末帐)	
1635	十二年	于寺社设置奉行	
1640	十七年	置宗门改役,作成宗门人别帐	
1642	十九年		西藏的达赖喇嘛政权成立
1643	二十年	天海殁(1536—)	
1654	承应　三年	明僧隐元抵长崎(黄檗宗之始)	
1655	明历　元年	铃木正三殁(1579—)	藕益智旭殁(明四大法师之一,1599—)
1665	宽文　五年	制定诸宗寺院法度	
1666	六年	整顿冈山藩、水户藩的寺院	
1669	九年	禁止不受不施派的寺请	
1681	天和　元年	铁眼道光完成黄檗版大藏经	
1693	元禄　六年	在比睿山设安乐律院,提倡安乐律	

（续表）

西　历	和　历		日本传教史	亚 洲 传 教 史
1745	延享	二年	富永仲基出版《出定后语》	
1768	明和	五年	白隐殁(1685—　)	
1804	文化	元年	幕府介入三业惑乱。慈云饮光殁(1718—　)	
1818	文政	元年	仰誓出版《妙好人传》	
1830	天保	元年	到伊势的"托福巡礼"朝圣大流行	
1867		三年	"不是很好吗?"大流行	
1868	明治	元年	颁布神佛分离令	

后　记

　　本书的中心部分，即第一章到第六章、附录二"本觉思想"是揭载于新潮社出版的《图说日本的佛教》全六卷（1988—1990）的各卷中。此系列是在太田博太郎、中村元、滨田隆三位先生的监修下，以掌握造形美术与思想的统合为目标，当时笔者一面参与思想方面的编辑，同时也担任各卷思想的概说工作。此次，以这些为蓝本再补写，增补成一册的体裁。由于我个人能力的不足及性格的关系，致使本书在叙述上或有不严谨的地方，或有些部分未能充分参照最新的研究成果，虽然很难说是令人满意的成绩，但由于与此一领域相关的书非常少的缘故，本书也暂时有些许助益吧！

　　本书是在这样的经纬下完成的，要感谢建议我执笔写这一系列文章的中村元先生，及多位鼎力相助的先生。山形大学的副教授松尾刚次先生在校样阶段时，从头到尾为我校读一次，同时也提出很多细部的问题点。在编辑、出版方面自系列连载以来，承蒙新潮社及座右宝的照顾。直接担任本书编辑的是座右宝的田代文雄氏及今冈聪氏。再一次在此表示深深的谢忱。

著者　1992 年 4 月

图书在版编目(CIP)数据

日本佛教史：思想史的探索／（日）末木文美士著；
涂玉盏译. —上海：上海古籍出版社,2024.5
（复旦文史丛刊）
ISBN 978-7-5732-1163-7

Ⅰ.①日… Ⅱ.①末… ②涂… Ⅲ.①佛教史－日本
Ⅳ.①B949.313

中国国家版本馆 CIP 数据核字(2024)第 088056 号

复旦文史丛刊

日本佛教史
思想史的探索

［日］末木文美士　著

涂玉盏　译

上海古籍出版社出版发行
（上海市闵行区号景路 159 弄 1－5 号 A 座 5F　邮政编码 201101）
（1）网址：www.guji.com.cn
（2）E-mail：guji1@guji.com.cn
（3）易文网网址：www.ewen.co
常熟人民印刷有限公司印刷
开本 635×965　1/16　印张 14　插页 5　字数 194,000
2024 年 5 月第 1 版　2024 年 5 月第 1 次印刷
ISBN 978-7-5732-1163-7
B·1395　定价：78.00 元
如有质量问题，请与承印公司联系

復旦文史 丛刊（精装版）